実践 子ども家庭支援論

松本園子／永田陽子／福川須美／森 和子

 ななみ書房

はじめに

　「子ども家庭支援論」は，2019 年度実施の保育士養成過程の改訂により，設置された科目です。従来の「家庭支援論」を基本に「保育相談支援」と「相談援助」の内容の一部を加えたものです。

　厚生労働省から示された「教授内容」には，この科目の〈目標〉として以下の 4 点があげられています。

　1．子育て家庭に対する支援の意義・目的を理解する。
　2．保育の専門性を活かした子ども家庭支援の意義と基本について理解する。
　3．子育て家庭に対する支援の体制について理解する。
　4．子育て家庭のニーズに応じた多様な支援の展開と子ども家庭支援の現
　　　状，課題について理解する。

　「子ども家庭支援」とは，いささか漠然としたことばで「子ども（と）家庭を支援」するということか，「子ども（を育てる）家庭を支援」するということか，あるいはもっと別の概念か，色々考えられます。しかし，上記の〈目標〉では「子育て家庭支援」ということばが使われており，「子ども家庭支援」は「子育て家庭支援」の意味で理解してよいと思われます。本書では，「子ども家庭支援」を「子育て家庭支援」の意味で使用します。

　私どもは，これまで「家庭支援論」のテキストとして，ななみ書房から『実践・家庭支援論』を刊行し，多くの皆様に利用していただいてまいりました。本書はこの本をベースに作成しましたが，前書の 2 章「子育てをめぐる問題」および 5 章「特別なニーズを持つ家族と援助」の内容は，今回の新課程で新設された科目「子ども家庭支援の心理学」のテキストに移されました。（ななみ書房より，本書と同時刊行の松本園子，永田陽子，長谷部比呂美，日比曉美，堀口美智子共著『子ども家庭支援の心理学』）

　本書の構成は以下の通りです。

　第 1 章「子ども家庭支援の意義と役割」では，子育て家庭にとって，子どもにとって社会的支援がなぜ必要なのかについて述べています。

　第 2 章「保育士による子ども家庭支援」では，保育士が子育て家庭を支援するときの目的を捉え，支援対象の家庭の理解と支援内容，そして，支援者としての基本的な考え方と態度を学びます。ここでは新しい試みとして映像を用意しました。ななみ書房のホームページでご覧いただけますのでご活用ください。

　第 3 章「多様な支援の展開と関連機関との連携」では，第 2 章で学んだ子

ども家庭支援の考え方や態度の活用の実際について，実践例をみながら学びます。また，保育士だけで抱え込まないために，連携の仕方についても述べています。

　第4章「子育て家庭に対する支援の体制」では，子育て家庭を支援する国の責任と少子化対策として進められてきた政策の変遷，具体的な支援制度の現状，そして今後の課題について学びます。

　第5章「世界の子育て」では，世界の子育て支援策についてみるなかで，日本の状況を客観的にとらえ，また諸外国の子育て支援から学ぶことを課題とします。

　子育て家庭をめぐる状況には近年大きな変化があり，様々な困難がうまれています。保育士をめざす皆さんが，問題をしっかりとらえ，子育て家庭支援にとりくむ力をつけるために，本書が役立つことを願っています。

　2019年7月

著者一同

第1版第3刷　発行にあたって

　今回，2020年国勢調査結果を反映させる等統計数値の更新を行いました。その他，一部語句の修正を行いました。

　2023年2月

著　者

　本書では，第2章／④育児モデルとなる伝承の育児法／❷乳児期の遊びと育児」の中で「乳児との遊び方」を視覚的に理解していただくために参考映像を用意いたしました。映像をご覧いただくには，ななみ書房ホームページ（http://773books.jp/）より『実践　子ども家庭支援論』の書籍ページに進み，それぞれ，「子ども家庭支援論　映像2－1」（http://773books.jp/video/7801/），「子ども家庭支援論　映像2－2」（http://773books.jp/video/7802/）をクリックすると視聴することができます。

もくじ

はじめに

第1章　子ども家庭支援の意義と役割

① 子ども家庭支援の意義と必要性 …………………………………9
　❶ 子どもの育ちとは　9
　❷ 子どもの育ちに対する家族・家庭の役割　10
② 家族・家庭の動向 ………………………………………………12
　❶ 家族の変化　12
　❷ 家族と仕事　13
　❸ 居　住　15
　❹ 少子化　16
③ 現代の子育て困難 ………………………………………………17
　❶ 地域の喪失　17
　❷ 子どもの減少　18
　❸ 労働と育児　19
　❹ 引きこもり　19
　❺ 虐　待　20
④ これからの子ども家庭支援 ……………………………………20

第2章　保育士による子ども家庭支援

① 子ども家庭支援の目的 …………………………………………23
② 子ども家庭支援の対象と内容 …………………………………25
　❶ 子育て家族と危機対応能力　25
　❷ 危機対応能力のレベルと支援内容　26
③ 保育士に求められる基本的態度 ………………………………30
　❶ 相談・支援の方向性　30
　　❶ 親が内的な力を発揮したくなる　30
　　❷ 長期的な視点を持つ　30
　❷ 人の気持ちを理解するための基本的な態度
　　　──保育臨床的姿勢　31
　　❶ 「受容」……対等な人間関係を持つこと　32
　　❷ "聴く" ということ　32

❸ 共感的理解　34　　　❹ 自己理解を援助する　36

❸ 保育士自身を観る　38

❶ 心の癖を観る　38　　　❷ 関係性を観る　38

❹ 相談・支援への心配り　40

❶ 主語を入れて話す　40

❷ 職業としての守秘義務　40

❸ 物理的な環境にも配慮を　41

❹ 抱え込んではいけない場合　41

④ 育児モデルとなる伝承の育児法　……………………………………42

❶ 伝承されている育児の知恵　42

❷ 乳児期の遊びと育児　43

❸ 幼児期の遊びと育児　46

第3章　多様な支援の展開と関連機関との連携

① 主な関連機関との連携　………………………………………………49

② 保育所利用家庭への支援　……………………………………………51

❶ 在園児の家庭への支援　52

❶ 保育所在園児の家庭への支援の視点　52

❷ 日常のコミュニケーションで関係作り　52

❸ 助言と情報提供　53

❹ 育児モデルとしての保育士　54

❺ 配慮が必要な保護者への支援　55

❷ 地域に開かれた保育所として　57

❶ 一時預かり　57　　　　❷ 子育てひろば　57

❸ その他の事業　58

③ 地域の子育て家庭への支援　…………………………………………58

❶ 子育てひろばでの支援　59

❶ 子育てひろばでの支援　59

❷ 出前での子育てひろばでの支援　60

❷ 子育てひろばスタッフの役割　60

❶ 過ごしやすい環境作り　60　❷ 親の孤立を防ぐ　61

❸ 親をエンパワーする　62　❹ 育児の伝達　62

❺ 子どもが健康に育つことへの援助　62

❻ 相談に応じる　63

❼ 子育て環境としての地域づくり　64

8 関係機関との連携　65

4 父親の子育てへの支援　……………………………………66

1 子育ての鍵となる父親のあり方　66

2 父親が子育てをする効果　67

3 父親への支援の視点　68

4 父親の子育てへの支援の実際　68

5 要保護児童家庭への支援　……………………………………71

1 要保護児童家庭とは　71

　1 課題を抱える家庭の状況　71

　2 要保護児童家庭の危機的対応能力の位置づけ　72

2 要保護児童家庭への支援　73

　1 要保護児童家庭への支援（児童福祉施設）　73

　2 要保護児童家庭への支援（里親家庭と実親家庭）　76

第4章　子育て家庭に対する支援の体制

1 子育て家庭支援の政策動向　………………………………79

1 子育てを支援する国の責任　79

2 日本の少子高齢化　80

3 子育て環境の変貌と家庭養育支援の必要性　81

4 少子化対策の展開　82

　1 エンゼルプラン　82

　2 新エンゼルプラン　83

　3 次世代育成支援対策推進法　83

　4 深刻な少子化の進行と少子化対策の強化　84

　5 政権交代と子ども・子育て支援3法の成立　84

5 待機児問題と新たな少子化対策　85

2 子育て家庭支援の制度　………………………………………89

1 子育て家庭を社会全体で支える　89

2 子ども・子育て支援新制度　89

3 安心できる妊娠・出産の保障
　　　――シームレスな支援体制・母子保健　91

　1 子育て世代包括支援センターの設立　91

　2 母子健康手帳と妊婦健康診査助成制度　92

　3 入院助産制度　92

　4 不妊相談・治療　92

5 妊娠・出産前後についての学習の機会　92

6 新生児訪問と乳児家庭全戸訪問事業　92

7 乳幼児健康審査　93

8 産前産後ヘルパー派遣事業　93

4 子育て家庭の経済的支援 ― 子どもの貧困化　94

1 児童手当ての増額　94

2 幼児教育・保育の無償化

　　　　　― 子育てのための施設等利用給付　94

3 学校教育の費用への援助　95

4 医療費の助成　95

5 子育て家庭の生活基盤の保障 ― 労働政策や住宅政策　95

5 子育て情報・学習や交流の機会の提供　96

1 親のあり方を学ぶ機会　96

2 児童ふれあい交流促進事業　97

3 子育て関連施策や情報の提供　97

6 子育て仲間づくり・地域づくり支援　98

1 地域子育て支援拠点事業　99

7 子どもに関する相談事業と虐待等の予防・発見・対策　100

1 児童相談所　100

2 児童虐待防止法と体罰の禁止　100

3 子育て相談

　　　　― 保健所，保育所や地域子育て支援拠点，親子ひろば等　101

4 教育相談・就学相談　101

5 巡回相談　101

8 保育・預かり型支援　102

1 保育ニーズの増大　102

2 子ども・子育て支援新制度と保育制度　102

3 保育所入所待機児対策の展開　103

4 企業主導型保育事業の創設　104

5 待機児を解消し，安心して預けられる質の高い保育こそ　104

6 学童保育・放課後児童クラブ　104

7 一時保育・一時預かり・病児保育・夜間保育　105

8 ファミリー・サポート・センター事業　105

9 ショートステイ，トワイライトステイ　105

10 子育て支援員の養成　105

⑨　ひとり親家庭等への援助　106
　❶　児童扶養手当　106
　❷　母子家庭等医療費助成　106
　❸　母子家庭等日常生活支援事業　106
　❹　母子・寡婦福祉資金貸し付け　106
　❺　母子生活支援施設　107
⑩　特別な理解と支援の必要な子どもを育てる家庭支援　107
⑪　社会的養護　107
⑫　子どもを育てる時間の保障―ワークライフバランス　108
　❶　労働時間の短縮　108
　❷　育児時間の保障制度　108
③　子育て家庭支援の政策動向と課題　110
　❶　持続する少子化と国の責任　110
　❷　少子化対策と子育て支援　110
　　❶　少子化対策20年余を振り返って　110
　　❷　なぜ少子化対策は結果を残せなかったのか　111
　　❸　子育てしやすい国に向かって　113

第5章　世界の子育て

①　国際比較　……………………………………………………115
　❶　先進工業国と開発途上国　115
　❷　人口と出生率　116
　　❶　アジアの国々の場合　116　　❷　先進工業国の場合　117
　❸　女性労働　118
　❹　子育てに関する生活と意識　120
　　❶　子育てにおける父親と母親の役割　120
　　❷　親になることについての経験・学習　121
　　❸　子育てしやすい社会　122
　❺　子育て支援関連制度・施策　124
　　❶　出産休暇制度　124　　　❷　育児休業制度　124
　　❸　保育サービス　125　　　❹　児童手当等　126
②　スウェーデンの子育て家庭支援　…………………………128
　❶　国家主導で男女平等の福祉国家づくりを進める　128
　❷　1歳までは家庭で育てる　129
　❸　子育て家庭支援施策　129

❹ 父親も育児休業が当たり前　130

❺ 保育政策と育休中の親子支援　131

❻ 子育てしやすい国 — 出生率の回復　132

③　カナダのファミリーサポート　……………………………………133

❶ ファミリーサポートの基本的なスタンス　133

❷ ファミリーサポートの実際　135

❶　ドロップイン　135

❷　親の学習プログラム　136

❸　親になる準備教育　137

❸　父親の育児への支援　138

④　フィンランドのネウボラ　…………………………………………140

❶ ネウボラとは何か　140

❷ ネウボラの成立と発展　141

❸ ネウボラの実際　142

❹ ネウボラから学ぶもの　147

【執筆者】

第1章　［松本］

第2章　［永田］

第3章①②③④　［永田］，第3章⑤　［森］

第4章　［福川］

第5章①　［松本］，②　［福川］，③　［永田］，④　［松本］

第1章
子ども家庭支援の意義と役割

　「子ども家庭支援」とは子育て家庭への社会的支援である。本章では子育て家庭にとって，子どもにとって，社会的支援がなぜ必要なのかについて述べる。

1 子ども家庭支援の意義と必要性

1 子どもの育ちとは

　子どもは自ら「育つ」のであり，それが適切に実現されるように援助するのが子育てである。子どもの育ちは次の三つの要素がかかわり合いながら実現される。

　第一に，子どもの身体の成育・成熟である。それは子どもが自分だけで成しうるものではない。食べる，眠る，暑さや寒さから護る，清潔を保つ，怪我や病気を防ぎ治療する，これらが大人の手助けによって適切に行なわれてこそ，子どもは自然の道筋にそった成育・成熟を実現することができる。

　第二に，子ども自身の経験であり，成育・成熟を土台に，子ども自身が心と身体を動かし外界とかかわりあうことである。それによって子どもの心と身体はさらに育っていく。これにも，子どもの経験を保障する環境整備や，

見守りや励ましといった大人の手助けが必要である。

　第三に，大人による子育てであり，まず上述のように，子どもの自然の成育・成熟を助け，子ども自身の経験を保障し，励ますことであるが，その方向性と内容にはその時代，その国や地域の思想，文化，科学，技術と，子育ての担い手の意識や願いが反映される。そうした中で育った子どもが，さらに次の世代の子育てを担う。子どもの育ちは自然の道筋にそって，太古から繰り返されてきた普遍性と，その時代の到達点を反映した歴史性を併せ持つ。

❷　子どもの育ちに対する家族・家庭の役割

　新しい生命は女性の胎内で約 10 か月はぐくまれた末に，ひとりの人間として世界に産み出される。生まれた子どもは通常，その父母を中心とする家族によって，家庭という場で護り育てられながら，より広い社会に入っていく。子育ての直接の担い手は父母その他の家族であるが，何らかの理由で父母その他の家族がそれを担えない場合は，そのこどもに，子育てを担う人，家族を保障するのは社会の責任である。子どもが育つ場は「社会」であり，その責任は社会全体が負うべきものである。

　頻発する家庭内での児童虐待は，現代の子育て家族が置かれた困難の最も厳しい現れであり，社会がどうあるべきかという問いを私たち全体に投げかけている。本稿執筆中にも，千葉県で 10 歳の子どもの虐待死事件が発生し，新聞やテレビで報じられている（2019 年 2 月）。開会中の国会で関係施策・行政の不備が追及され，児童虐待防止のための児童福祉法等の改正が超党派でとりくまれている。鬼のような父親，自分への DV を恐れて子どもを護れない母親，任務放棄の専門機関……と種々論評されているが，このケースの父母についても，10 年前にさかのぼりこれまでどのような環境があればこの事件を防ぎ，子どもを護ることができたか，という視点で子育て家庭支援の課題を考える必要がある。

　家族・家庭が子育てに果たす役割は以下のように整理できる。これらを家族・家庭が果たせるように行われる様々な支援，必要な時には家族・家庭に代わって行う支援が「子ども家庭支援」と言えよう。

　第一の役割は，子どもに衣食住を提供し，生存と生活を保障することである。したがって，家族を失った子どもに対しては，古くから生存と生活を維持するための社会的救済が行われた。

　今日においても，家族を失ったり，家族の著しい貧困が放置されたりすれば，子どもの生存が脅かされる。児童虐待のうち身体的虐待やネグレクトは家族が子どもの生存と生活を侵害するものである。このような場合は，ただちに子どもと家族への社会的支援が行われなければならない。

　第二に，家族における情緒的つながりは，子どもの発達の基地である。情緒的つながりは，多くの場合血縁関係を基礎として形成されるが，それは「必要十分条件」ではない。血縁関係がなくとも，養親と養子，里親と里子の間には，継続的に生活を共にする中で，強い信頼関係，情緒的つながりが形成されうる。逆に，血縁関係があっても例えば児童虐待の場合，情緒的絆の形成に問題が生じる。

　第三に，子どもは，現在，あるいは将来属する社会の価値や規範，知識や行動様式を，家族，地域，学校，遊び仲間などの社会的関係の中で学習していく。これを「社会化」といい，子どもの発達に欠かせない側面である。そして，家族は子どもが出合う最初の社会であり，社会化の基礎が形成される重要な場である。子どもは家族との生活の中で，父母などをモデルに，ことば，人との関係，生活行動，ものの考え方などを学習し，家族を通して伝統的な生活文化を伝達される。

　第四に，家族が一緒に生活する場である家庭で，子どもは多くのときを過ごし，遊び，生活，学習，労働といった経験をしてきた。住宅条件などの家庭の物的環境，家族構成やきょうだいの数などの人的環境，大人の労働の状況などは，子どもが家庭で経験することの内容に大きな影響を及ぼす。

　今日，きょうだいが減ったことや住宅の狭小化（きょうしょうか）などにより，家庭内に子どもの遊び仲間，遊び場を得ることが難しくなってきた。大人の労働とのかかわりは，子どもにさまざまな刺激を与えるものであるが，サラリーマン家庭の増加や家事の簡便化により，子どもが家業や家事を手伝うことも少なくなった。このように，子どもにとって家庭生活における経験が貧弱となってきたため，これに代わる社会資源を用意することは，今日における社会的子育て支援の重要な課題である。

　第五に，子育ては家族だけでできるものではない。子どもが育つためには，学校，病院，保育所，幼稚園，児童館，学童保育，地域の遊び場，図書館等々の社会資源を，適切に利用することが必要である。子ども自身がそれを自分の意思と力で利用できるわけではない。多くの場合，保護者による手続き，料金の支払い，付き添い，あるいは家族がその利用を子どもにすすめるなどが必要である。子どものための社会資源を利用することは家族の任務の放棄ではなく，現代の家族の大切な役割である。しかし，経済的困難や，情報の貧困などにより，家族が適切に社会資源を利用出来ない場合は，経済的援助や情報の提供など社会的支援が必要である。

2 家族・家庭の動向

　今日的な子育て困難の背景として，家族・家庭の急激な変化がある。まず，変化の全体的傾向を調査・統計によってみておきたい。

❶　家族の変化

　家族のあり方が大きく変わってきた。表1－1にみるように，「核家族化」がますます進んだことが三世代世帯の激減に示されている。「核家族」の中身も，その中心であった「夫婦と未婚の子ども」の世帯が減り，夫婦のみの世帯，ひとり親と未婚の子どもの世帯が増加した。単独世帯は3割近くにもなっている。統計には表れないが核家族世帯の中には，ひとり親家庭が新しい家族を形成した「ステップファミリー」もかなり存在する。

表1－1
世帯数，世帯構造

（厚生労働省「国民生活基礎調査」）

年次	世帯総数（千世帯）	世帯構造（世帯総数に対する割合）（%）					
		単独世帯	核家族			三世代世帯	その他
			夫婦のみ	夫婦と未婚の子	ひとり親と未婚の子		
1989	39,417	20.0	16.0	39.3	5.0	14.2	5.5
1995	40,770	22.6	18.4	35.3	5.2	12.5	6.1
2001	45,664	24.1	20.6	32.6	5.7	10.6	6.4
2007	48,023	25.0	22.1	31.3	6.3	8.4	6.9
2013	50,112	26.5	23.2	29.7	7.2	6.6	6.7
2017	50,425	27.0	24.0	29.5	7.2	5.8	6.5
2019	51,785	28.8	24.4	28.4	7.0	5.1	6.3

注：本調査は，それまでの厚生労働省の4調査を統合して，1986（昭和61）年より実施されている。3年ごとに大規模調査，中間年は簡易調査。本表は大規模調査年の数値をつかっているが，2016年については地震のため熊本県の数値が除かれているため，2017年の調査データを使用した。2020年調査は，新型コロナへの影響等のため中止された。

図1－1
児童（18歳未満）のいる世帯の割合の推移

（厚生労働省「国民生活基礎調査」2021〈令3〉）

　少子化がすすむ中で，児童のいる世帯は減り続け，全世帯の四分の一にも充たない状況となった。（図1－1）今日，多くの人が子ども・子育てにかかわりをもたずに生活しているわけであり，近年の子ども・子育て支援への無関心・無理解の傾向の背景と思われる。この状況の中でも，子どもと親をあたたかく受け止める社会をつくり出す努力が必要である。

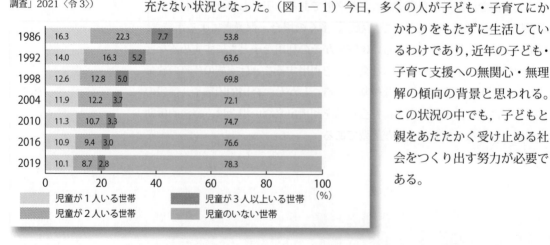

❷　家族と仕事

わが国は明治以降，農業中心から近代工業社会への変化を遂げてきた。とはいえ図1－2にみるように，1920（大正9）年の第一回国勢調査以来，戦後の1950年代までは第一次産業（農林漁業）就業者が多く，農業国の様相を示していた。しかし，1960年代の高度経済成長期以降，工業化はますます進行した。工業生産高は著しく増加したが，オートメーション化など技術革新により第二次産業（製造業など）の就業人口はさほど増えず，商業，サービス業などの第三次産業就業者が1980年調査で5割を超え，その後も増加し続けている。農業など第一次産業就業者は激減し，農業は衰退し，今日では食糧の多くを外国からの輸入に依存する状況になっている。

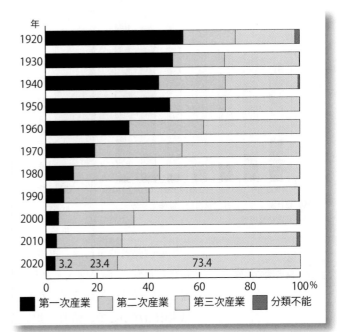

図1－2
産業別就業者数の推移

（総務省「国勢調査」）

このような産業構造の変化を背景として，人々の生活意識や行動の様々な変化が産み出された。家族と子育てについてはとりわけ大きな影響があり，家族のあり方は，農家に代表される伝統的な大家族から，都市サラリーマン家庭に代表される夫婦と子どもの小家族に移行し，そのことが子育てのあり方を変化させてきた。

すなわち，農家は，三世代，四世代の家族が生活を共にし，家族ぐるみで働くのが通常のかたちであった。このことが，良くも悪くも家族と子育てのあり方を形成していた。そこでは，子どもたちは様々な大人から世話と影響を受け，自然とかかわり，日常的に労働と接しながら成長した。育児は家族成員に分担され，母親の育児負担は相対的には軽かった。しかし，女性，特に「嫁」である母親の家族内での地位は低く，子育ての自由，権利は制限されていた。

時代の流れの中で，農業を離れ都会に移り工業や商業に従事した人々は，やがて新しい核家族を形成した。彼ら，彼女らの多くは，住居から職場に「通勤」する。生活と労働は離れ，労働者にとって家庭は専ら働くエネルギーの再生産の場となり，個々の家族の多様な有り方が可能となった。夫が働いて賃金を得，妻はそれを運用して家庭を維持する，という男女の役割分担による専業主婦もこうした中で生まれ，増加した。子育ての目的や方法は個々

14

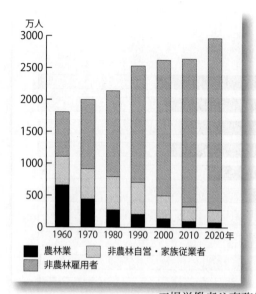

万人

図1－3
女性就業者数の推移

（労働力調査により作成）

■ 農林業　　□ 非農林自営・家族従業者
■ 非農林雇用者

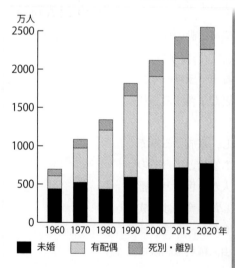

万人

図1－4
配偶関係別女性雇用者数
の推移

（労働力調査により作成）

の家族の自由な選択に委ねられ，可能性が広がった。しかし，モデルもなく，責任は重い孤独な子育ては，特にそれを担う母親への大きな重圧ともなった。

さて，家族のあり方と共に女性の働き方と子育てとの関係も変化してきた。

農家や，家族で商売などを行う自営業では，妻は子どもが生まれても働くことが普通であった。近年“働く女性が増加した”といわれるが，全産業を含めて女性の労働力率の推移をみると，戦前期から今日まで50％前後であり，その数値にさして変化はない。増加したのは図1－3にみるように非農林雇用者，つまり第二次，第三次産業で会社などに勤める女性の数である。

工場労働者や事務員，教員や保母など雇用者として働く女性は戦前期から存在したが，「職業婦人」として特別視される少数派であった。戦後，雇用者として働く女性が急増したが，図1－4にみるように，1960年ごろまでは未婚者が中心で，結婚により退職するものが多かった。しかし，1960年代以降，結婚・出産後も働き続ける，あるいは一度は退職しても再就職する女性が増え，1980年代には働く女性の半分以上は有配偶者となった。これは夫婦で働く「共働き」家族の増加を意味している。この場合，核家族で父母共に働いている間，子どもの育児を誰が担うかが問題となり，保育所など育児の社会化のシステムが要求され発達してきたのである。

近年この傾向に拍車がかかっている。表1－2にみるように1985年段階では，子どものいる世帯について，夫婦共働きと伝統的な性別役割分業の家族が拮抗していた。しかし，その後共働きが増えつづけ，妻の仕事の内容も外勤の雇用者が増加した。もはや妻も働くことが普通になってきており，その意味では妻も働き手であった農家中心の時代に回帰しているといえようか。しかし，大家族の中で子どもを育て，労働の場と住居が近接していたその時代と違い，今日の核家族の共働き雇用者家族の子育てには保育・学童保育の場が不可欠となる。

年　次		総　数（千世帯）	夫婦共就業（%）	（うち夫婦共雇用者）（%）	夫就業妻非就業（%）	夫非就業妻就業（%）	夫婦共非就業（%）
1985	夫婦がいる世帯	26,964	47.3	27.8	43.4	2.0	7.1
	18歳未満の子どもあり	15,714	49.2	30.7	49.0	0.7	0.9
2000	夫婦がいる世帯	29,292	44.9	32.1	36.4	3.2	14.6
	18歳未満の子どもあり	11,483	49.7	39.2	47.8	1.0	1.1
2015	夫婦がいる世帯	28,733	45.5	35.0	25.3	3.9	21.0
	18歳未満の子どもあり	9,617	59.9	50.5	32.8	0.9	0.7
2020	夫婦がいる世帯	28,058	47.1	37.7	20.7	4.0	19.4
	18歳未満の子どもあり	8,218	72.6	63.2	27.4	0.9	0.5

注：国勢調査により作成。1985，2000，2015年については国立社会保障人口問題研究所「人口統計資料集（2022）」掲載の資料による。

表1－2
夫婦の就業状況推移（夫婦のいる世帯）

❸ 居　　住

　明治以降，農村から都市への人口移動がすすんだが，表1－3にみるように，戦後高度経済成長期に都市集中が加速された。低成長期にはいって首都圏への一極集中がすすんでいる。日本の人口は2010年以降減少に転じ，大部分の道府県で人口減がみられるが首都圏は増加している。人口の都市集中は，子育ての環境として様々な問題をもたらしている。自然がない，遊び場がない，高層住宅居住の子どもの育ちの不安等々に加え，遠距離通勤による家族の生活・子育ての問題も大きい。つまり，首都圏の場合，1都3県全体に働く場があるわけではなく，埼玉，千葉，神奈川から東京都心部に長時間かけて通勤するといったパターンが多い。このことが，次項で述べるように若年層を中心に人口が増加しているにもかかわらず，首都圏の出生率が低いことの原因であろう。

　都市集中の一方で，生活水準や地域社会の維持の困難などの深刻な問題をかかえた「**過疎地域**」がうまれた。国土の面積の6割を占める過疎地域の人口は総人口の8.2%である（総務省「令和2年度版過疎対策の現況」）。かつては伝統的な産業と生活が営まれていた地域が荒廃し，子どもが育つ場としての地域が消滅するという事態がうまれている。

表1－3
三大都市圏人口

年	1955		1970		1985		2000		2015		2020	
総人口（千人）	90,077	(%)	104,665	(%)	121,049	(%)	126,926	(%)	127,095	(%)	126,146	(%)
首都圏	15,424	17.1	24,113	23.0	30,273	25.0	33,418	26.3	36,131	28.4	38,034	30.2
中京圏	6,839	7.6	8,688	8.3	10,231	8.5	11,008	8.7	11,331	8.9	9,192	7.3
近畿圏	12,812	14.2	17,401	16.7	20,081	16.6	20,856	16.4	20,725	16.3	1,9176	15.2

注：国勢調査により作成
　　首都圏：埼玉県，千葉県，東京都，神奈川県
　　中京圏：岐阜県，愛知県，三重県
　　近畿圏：滋賀県，京都府，大阪府，兵庫県，奈良県，和歌山県

❹ 少 子 化

図1－5は戦後の出生数・出生率の推移をしめすグラフである。

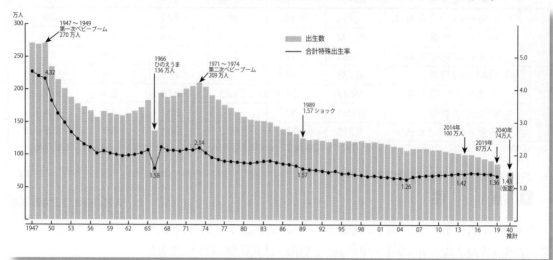

図1－5
出生数及び合計特殊出生率の年次推移

（厚生労働省「人口動態統計」）

出生減少：
1950年以降の出生数減少は人工妊娠中絶の増加による。1949年に優生保護法14条が改正され、経済的理由による人工妊娠中絶が可能となった。1950年には32万件、1950年代から60年代にかけて毎年100万件を超える中絶が実施された。（国立社会保障人口問題研究所：人口統計資料集（2012））

　1947～1949年は出生数が270万人近くとなり、ベビーブームといわれ、この時期に生まれた人は「団塊の世代」（1976年の堺屋太一の同名の小説から）と呼ばれる。**出生数はその後減少するが**、団塊世代が出産の時期をむかえると出生数が増え、ピークの1973年前後は毎年200万人出生し、この時期を第二次ベビーブーム、生まれた人は「**団塊ジュニア**」と呼ばれている。その後出生数は減り続け、2016年には100万人を切った。**合計特殊出生率**（一人の女性が生涯に生む子どもの数の平均）も低下し、1975年以降は人口置換水準の2を切り、2020年では1.33である。このように、出生数、出生率ともに低下しており「**少子化**」がすすんでいる。

　少子化は先にのべた家族、労働、住宅条件、その他現代社会の様々な要因がからみあってすすんできたものである。「団塊ジュニア」が学校を卒業し社会に出た時期と1990年代後半以降の低成長期が重なり、就職氷河期などと呼ばれ、この世代は経済的に不利・不安定な状態におかれ続けた。そのため結婚や出産が引き延ばされ、彼らが出産適齢期をむかえた2000年ごろの"第三次ベビーブーム"は出現しなかった。

　全国の出生率は前述のとおりであるが、表1－4にみるように都道府県別にみると地域差が明らかである。高出生率地域は、人口も伸びている沖縄県をはじめとして、子育てしやすい地域とみられる。その背景を分析し子育てのしやすさの要因を見出し、各地の施策に生かす必要があろう。低出生率地域には首都圏がすべて含まれる。多数の人口を擁する地域が子育ての難しい場であることを深刻に受け止め、解決をはかる必要があろう。

	都道府県	出生率		都道府県	出生率
高出生率地域	沖縄	1.83	低出生率地域	東京	1.12
	宮崎	1.65		宮城	1.20
	長崎，鹿児島	1.61		北海道	1.21
	島根，熊本	1.60		秋田	1.24
	佐賀	1.59		神奈川，京都	1.26
	福井	1.56		埼玉，千葉	1.27

表 1 － 4
出生率地域比較

厚生労働省「人口動態統計」2020〈令 2〉により作成

3 現代の子育て困難

　子育ては親にとって喜びであるとともに，苦難を伴うものであった。飢えさせないよう，死なせないよう，懸命に働き，神仏に祈りながら子どもを育てる時代が長く続いた。

　今日，豊かな社会となり，生まれた子どもが大人になるのは当たり前になり，食に関する親の悩みは“食べてくれない”，“好き嫌いが多い”というものになってきた。無論，環境汚染，食の安全など子どもの生命と健康に関わる問題は大きいし，開発途上国においては飢えと死の問題は今日も深刻である。これらは国および地球規模の政治変革の課題であり，現代に生きる我々全体の問題として考えていきたい。

　ここでは，②で取り上げた家族・家庭の全体的動向を背景として，現在わが国の子育て家庭に生じている困難のいくつかについて述べる。なお，現代の問題を考える場合“昔はよかった”という言説も，逆に“貧しく不便だった昔に比べれば今は幸せ”という言説も，そこだけにとどまれば問題の解決には役立たない。今日の困難を正面からとらえ，その解決を真摯に考える姿勢が必要となろう。

1 地域の喪失

　家の周辺，子どもが一人で遊びに出られるような地域は幼い子どもにとってとても大切である。ところが近年，玄関を一歩でると，車が通り，見知らぬ人々が行き来し，「一人で出ちゃダメよ」，「知らない人に話しかけられても付いていっちゃだめよ」，と親は子どもに言い聞かせなければならない。物理的にも，人的にも，子どもが育つ場としての地域が失われてしまったといえる。この背景には，②－2で述べたような人口の都市集中，そこでの転

勤や転職，あるいは居住条件の向上のための頻繁な転居があり，近隣の親しい関係は形成されにくくなったことがある。近所の大人が幼い子どもに親しく関わることも少なくなった。車社会となり，住宅地の裏通りまで自動車が通り，遊び場としての道路は失われ，公園や児童遊園があったとしても，そこへは大人に連れて行ってもらわなければならない。

　親にとっても，「遠くの親戚よりも近くの他人」という昔からのことわざはもはや死語となり，困ったとき，手助けを求めるのは「遠くの実家」という場合が多い。

　毎日の生活の場である地域が安心できる場，親しく頼れる場ではないことは，子育て困難の第一である。かつての地域にかわる，新しい地域づくりをすすめたい。その方法は地域の様々な条件により一様ではないが，保育所，幼稚園，学校など現に子どもと親が集まっている公共的な場を，地域作りの拠点としていくことが有効であろう。

❷　子どもの減少

　②－❹で，少子化について述べた。今日，幸運にも生まれることのできた子どもたちは多くの大人に迎えられ，ゆとりを持って大事に育てられてもよいはずである。しかし，この子どもたちにとって，同世代の仲間が少ないことが問題となっている。

　まずきょうだいが少ないことである。たいていは一人っ子か二人きょうだいで，家庭内での子ども同士の関わりは無い，あるいは少ないきょうだいとの限られた関係である。家の外にでても一緒に遊べる子どもはいない。それぞれの家庭に一人二人の子どもがいても，家庭内にいるか，塾や習い事に出かけている。子ども同士の関わりの中で，遊び，学び，喧嘩したり，仲直りしたり，秘密の基地をつくったり，すぐ近くにいても干渉しない大人たちに，護られながらすごすという時間を子どもたちは殆ど持っていない。子どもの数が少なく，その子どもたちが分断されていることにより，子どもたちは子ども同士で育ち合うかけがえのない"子どもの時間"を奪われている。

　親たちも，少子化社会の中で生まれ育ち，遊びや子どもへの関わりの経験に乏しい。いろいろな情報を集めながら懸命に子育てに取り組んでいるが，不安があり，悩みが多い。こうした親たちの過保護，過期待が，子どもたちに重くのしかかっている。

　今日の少子化については，子どもを産み育てやすい社会とするための経済政策や社会政策を行い，是正しなければならない。しかし，昔のようにどの家にも５人，６人きょうだいがいるような状況を復活させることは非現実的である。家庭内のきょうだいが二人程度の少子社会を前提に，地域で異年齢

の様々な子どもがきょうだいのように親しくかかわる場をつくりたい。その場を次世代を育てる責任として，地域の大人があたたかくバックアップすることが必要である。保育所，幼稚園，学校，児童館その他がその拠点となるであろう。

❸　労働と育児

②−❷で取り上げたように，妻も雇用労働者である共働き家庭が増加している。長時間労働，長時間通勤が，親が子どもと接する時間を奪う。共働き家庭は当然保育所，学童保育等昼間の育児への社会的支援が必要であるが，圧倒的に不足しており待機児童が多い。行政側も待機児童対策をかかげているが，保育の質への配慮が不足のまま，量的拡大が進められる。

こうした状況は子どもの生活の質を低下させ，人間発達初期の重要な時期に楽しく安定した毎日をおくることを阻んでいる。幼い子どもは，苦痛や不満を訴えることができない。

男女とも無理なく働き，子育てにかかわれるよう，労働環境・労働条件の改善と保育の充実が是非とも必要である。

❹　引きこもり

数十年来，子どもの不登校や**引きこもり**が，学校におけるいじめや，教育・生活指導のありかたと関わって問題にされてきた。近年，中高年期まで続く引きこもりの増加が社会的問題となり，子どもを育てる親の不安をかきたてている。

引きこもり問題にはいろいろな要因があり，軽々に論ずることは避けたい。ただ，子どもが育つ環境として，時間的にも空間的にも人間関係的にも隙間がない，逃げ場・隠れ場がない現代社会が，引きこもりを「問題」として浮き立て拡大させているように思われる。

学校について言えば，かつて，貧困や労働のために学校に行けない子どもがたくさんいた。それは子どもにとって悲しく悔しいことであったが，子どもが非難されることはなかった。貧困ではなくとも，病気で学校をよく休み，家で寝ていておかげで沢山本を読んだ，などというエピソードは，社会的に成功した大人の回顧談としてしばしば目にする。しかし，今日，平日の昼間子どもが地域にいれば，奇異の目をむけられる。だから，学校に行きたくない子どもは，家に閉じこもりゲームにかじりついたりしているだろう。家族はなんとか子どもを学校に行かせようと努力する。長年にわたり，多くの子どもと多くの家族が苦しんできている。そうした状態から抜け出した子ども

も多いが，抜け出せず，成長に伴い問題が悪化する場合も少なくない。

　隙間のない社会というしくみは簡単には変わらない。しかし，家族・家庭が，子どもが休みたいときに休める隠れ家となり，それを周囲が容認することが，引きこもりの「問題」化を防ぎ，子どもが自分のペースをみつける手助けとなるのではないか。

5　虐　　待

　家庭における児童虐待は現代の子育て諸困難の集約的問題である。児童虐待は新しい問題ではない。昭和初期の不況下で児童虐待が多発し，1933（昭和8）年に「児童虐待防止法」が制定された。その内容は1947年の「児童福祉法」に吸収された。1990年代，保護者による児童虐待が多発した。子どもの権利条約も批准（ひじゅん）したころで，対策の強化が課題となった。そうした中で2000（平成12）年「児童虐待の防止等に関する法律」が議員立法で制定された。以来，行政も関係諸団体も児童虐待防止に力を入れてきたが，児童相談所への通告は年々増加し，虐待による死亡事件も頻発している。対応をさらに強化するための児童福祉法改正も成立した（2019年6月）。

　こうした取り組みは必要なことであるが，問題の根は深い。虐待する親たちが置かれた，孤立，不安，貧困といった状態を考えてみてほしい。親たちもまた虐待されて育った場合が多い。新聞報道をみると殺されてしまった子どもは，どの子も可愛い素敵な名前を持っている。親は，最初は可愛いと思い，ちゃんと育てようと思っていたのであろう。しかし，子育てに伴う様々な大変さを乗り越えることができなかったのであろう。虐待リスクをもつ家庭への対応は重要である。しかし，どの子育て家庭にも必要な，子どもにあたたかい地域づくりの取り組みを，地域内の孤立した家族もこぼさぬよう，強めていくことが，遠回りのようでも今日の虐待問題への対応として必要であろう。

4　これからの子ども家庭支援

　家族の状況は多様であり，子育てのありかたも多様である。子どもは様々な家族の中で育てられている。それぞれの人にとって「家族」がもつイメージは様々であり，また実際のありようも様々である。子育てにかかわるのは現実の「家族」であり，それは必ずしも典型的な家族像に合致（がっち）するものではないかもしれない。子育て支援としての家庭支援は，家族を一定の枠にはめて逸脱（いつだつ）を是正（ぜせい）するのではなく，現に子どもを育てている現実の家族を尊重し，

その子育てを支援する個別性が必要である。

　家族・家庭が無くなったと嘆息しているのではなく，かつてムラの共同体が子育てを行ったことをヒントに，今日的な子育て共同体の構築を考えたい。それは新しい制度を作らなくても，現在私たちの社会が持っている児童福祉法その他の福祉・教育のシステムを社会共同の子育てのシステムと考えて活用すれば，かなりのことが可能である。

　暮らし方についても，近年単身者のシェアハウスがひろがっているが，いくつかの子育て家族がシェアハウスに住み，育児・生活を支え合う取り組みもある（朝日新聞 2019 年 1 月 4 日「母子 3 人下宿がくれた平穏」）。

　また，近年，世界では同性婚の認知が進んでいる。同性同士の結婚を認めた国は 2001 年のオランダに始まり，ベルギー（2003），スペイン（2005），カナダ（2005）と続き，2019 年 5 月の台湾で 26 か国に広がった。（NPO法人 EMA 日本 http://emajapan.org/promssm/world　2019 年 6 月閲覧）日本では同性婚が未だ法的に認められていないが，いくつかの自治体で同性カップルについて婚姻に準ずる扱いが認められている。2019 年 2 月には同性婚を認めない民法は憲法に反するとする違憲訴訟が始まっている。同年 6 月には，同性婚を認める民法改正案が立憲民主党他の野党議員から提出された。子育てを望む同性カップルもある。こうした人々が養親，里親として社会共同の子育てに加わることができれば，社会的養護の新たな可能性がひろがる。

　社会の変化に対応した新しい子育て家庭支援を柔軟に考えていきたい。

●　やってみよう

❶　自分が子どもになったつもりで，こんな地域がほしい，と作文をかいてみよう。

　　　わたしは 5 さいです。……
　　　私は 10 さいです。……
　　　私は 15 歳です。……

❷　子育て中の方にインタビューして，困っていることなどうかがって，記録し，その解決のためにどんなことが必要か考えてみよう。

（松本園子）

第2章
保育士による子ども家庭支援

　第2章は，保育士が親子を支援するときの基本的な考え方と姿勢を学ぶ
ための章である。①では，子ども家庭支援の目的を捉え，支援の軸が揺らが
ないようにする。②では，支援の対象家庭の危機対応力と支援内容を大枠で
示した。家族の状態を把握し支援の内容や方向性が捉えられる。③は，保育
士として親子の心を支えていくための姿勢・あり方を学ぶ。④では，伝承の
育児の知恵や遊びが心理学的にも意味があり，子どもの心身の発達を支える
一つの有効な技法として提示した。

1　子ども家庭支援の目的

　近年，便利な育児用品が盛んに販売されている。紙おむつに始まり，授乳
用の服やケープ，乳児を揺らすバウンサー，泣きやぐずりに対応するアプリ
などである。また，インターネットを介して，育児情報はあふれかえってい
る。様々な育児用品やネット情報の使用の是非についても，親たちは判断を
迫られる。20世紀にはなかった"迷い"を現代の親は経験しているのである。
このような子育ての現状も考慮して，保護者を支援していくのが子ども家庭
支援である。
　家庭支援は，一家族という個別の単位の目的と社会全体のグローバルな目
的とがある。前者は，親が親となっていく"プロセス"への援助であり，そ

目　的		社会が担う役割
子どもが健康に育つ	……	健全な環境の提供。健康を保つ食。育つときに育てることを体験する，子どものときからの学びなど。
親が親業をする	……	親が家庭で親役割を安心して担える社会。育児方法の学び，親としての自尊感情を高める学習の機会などを提供。必要に応じた個別的な援助。
子育て家庭支援	……	孤立を防ぐなど人と人の出会いの場，グループ活動などで横のつながりを作り，相互に援助し合う。
地域が健全に機能する人が健康に過ごす	……	住民が参加しやすい環境作り，住民と行政の協働によって地域作りをする

図 2 － 1
子育て家庭支援の構造

の親に支えられて子どもが心身ともに健康に育つことを目指す。家族が人とつながり孤立を防ぎ，情報を得て自分で判断する機会を重ねつつ，子どもと共に育ちながら親としての自尊感情を高めていく。後者は，育った子どもが地域づくりに主体的に参加する市民として，子育て家庭を支援する側になるという社会の循環を作ることである。図 2 －

1 は子どもの健康な育ちへの支援が，大人も成長させ社会が健全に機能する循環の仕組みを示している。"子どもの育ち"にどの世代もかかわり，その姿がモデルとなり次の世代につながっていく。人が育つときに育てることを体験的に学びつつ自分の育ちを振り返る機会となる。このサイクルによって，社会参加が促進され，乳幼児から高齢者まで皆が生活しやすい社会となろう。

　親が親となっていく援助とはどのようなことだろうか。一般的となった紙おむつを例に考えてみよう。紙おむつが主流になった頃から，親は子どもの排泄（はいせつ）に無関心で排泄の間隔を知ろうとしなくなった。性能がよくなった紙おむつは数回分の尿を吸収し，親は困らないからだ。また，不快感がないために子どもも汚れたおむつをつけたまま遊んでいる。布おむつを使用していた時代より，排泄の自立は遅くなっている。1980 年代までは 3 歳児健診でトイレ・トレーニングの相談があったが，今はその相談はほとんどない。3 歳でおむつが取れていない子が多くなったが，親は相談をしようと思わないのだ。2 歳代には自立できる能力を持っていても，大人の支えなしに子どもの排泄は習慣化できない。トイレで排泄ができることは，心地よさと同時に排泄が自立できた自信もつく。子どもの心も育つのだ。紙おむつに代表される育児の大変さを改善する便利グッズは大人の労力を軽減させてはいるが，子どもの発達にとってはどうなのか，便利さを得た代償は何なのだろうかと親が考え判断していけるような支援が求められる。

　子どもはぐずった時に人になだめられ，人のぬくもりを感じて心の土台である愛着が育っていく。また，共感される体験によって，共感できる子どもが育つのである。子どもと親とのやり取りの中で起きている気になることや心配事の答えを育児グッズやインターネット等，外にだけ求めていると，いつまでも親の不安は無くならない。物に頼りすぎ，子どもを観察する姿勢を

忘れてしまうからだ。保育士は『子どもの発達』を見すえ，単に知識を伝えるのではなく，育児の事象や出来事について親と一緒に考えていくことが必要だろう。親が子どもの様子をよく観て自分で考え判断できるようになれば，育児不安も軽減し“親に力がつく”からである。

2 子ども家庭支援の対象と内容

1 子育て家族と危機対応能力

社会全体の家族を危機対応能力のレベルで3層に分類すると，図2−2になる。

本書では，家族の危機対応能力の程度によって3層に分類し，危機対応能力の高いグリーンゾーン，低いレッドゾーン，その中間のイエローゾーンと表す。グリーンゾーンは，自分たちの力を駆使し適応的社会生活を営んでいる家族で，問題があっても自分たちで乗り越える，あるいは周囲に援助を求める力を発揮できる危機対応能力の高い家族である。レッドゾーンはその逆で，力を磨く機会が少ない，あるいは持つ力が弱い，周囲の援助に結びつかず虐待やドメスティック・バイオレンスなどのように問題が顕在化している家族，あるいは抱える課題が家族のキャパシティを超えているなどである。イエローゾーンは，両者の中間の家族である。日常生活は保っていても状況によってはレッドゾーンになる可能性も，逆に力を発揮したり周囲の支えによって危機対応能力が高まりグリーンゾーンになる場合もある。

誰もがどのゾーンにもなる可能性を持ち，かつ危機対応能力は流動的なも

危機対応能力：
家族に存在する問題や課題を抱えられる程度であって，問題や課題の有無ではない。

家族の危機対応能力	必要な支援	支援の具体例
レッドゾーン	長期間にわたり，個別的，専門的支援を継続する	児童相談所，子育て世代包括支援センターなど　カウンセリング，療育，訓練
イエローゾーン	社会資源と結びつける，配慮ある支援　ニーズに合った社会資源を準備	保育所，幼稚園，子ども家庭支援センター，子育て世代包括支援センターなどでの相談，グループワーク
グリーンゾーン	育児の方法を学ぶ機会　育児仲間と出会う	パートナー，家族・親族・地域育児仲間。子連れで集える場（ex 身近で子育てを見られる子育てひろば）の提供（ex 祖母が手伝う）

図2−2
家族の危機対応能力と支援

ので状況によって変化する。例えば，安定していた家族が，子どもの誕生や父親の転勤，祖父母の病気などがきっかけとなり，その安定が揺らぐ場合がある。逆に困難な状況になったことで家族の協力が生まれ，家族としての絆が強まり危機対応能力が高まる時もある。外側からはマイナスと見られる現象も，家族によって様々に作用する。

❷　危機対応能力のレベルと支援内容

　家族の状況や危機対応能力のレベルによって必要な支援は異なっており，多様に準備されなければならない（図2－2）。レッドゾーンに対しては問題対処型の援助である。それぞれの家族状況に応じて個別的，専門的な支援が長期間にわたり継続的に求められる。医療機関や療育機関，児童相談所，保健センター，心理療法機関などがその役割を担う。イエローゾーンでは危機対応能力を高めグリーンゾーンになるような支援である。支援と結びつき家族の問題への捉え方が変化したり対処力をつけていく。個別的な相談，ニーズにあった社会資源と結びつけるなど，個々の状況に応じる配慮のある支援が必要である。また，時にはグループ活動や助け合い，他の機関との連携などが有効に働く。地域では子育て世代包括支援センター，子ども家庭支援センター，保育所やひろばなどで行っている子育て相談などがその主な窓口となる。

　グリーンゾーンは**予防型の支援**である。親や家族の危機対応能力を高め問題を発生しにくくするための援助である。子どもの発達や育児の仕方や生活の知恵，判断の基準などを伝えることもグリーンゾーンの支援に含まれる。以前はこれらの支援は祖父母や地域が担っていた。しかし，地域のつながりが薄くなったことにより，グリーンゾーンへの支援も保育士や関連機関が担う時代になったといえる。グリーンゾーンでは，育児の知識を伝達する役割，親がエンパワーし自尊感情を培う支援，親が子育て仲間を得て孤立を防ぐ援助，子どもが他者と関わりつつ社会性を身につけ健康に育つための援助が必要である。上記の2つのゾーンとは異なり，個別にする支援だけではなく，支援が地域全体で行われ「面」となって広がっていることが望まれる。

●グリーンゾーンへの支援

　「人は親として生まれてくるわけではありません。私たちは皆，周りの人に助けてもらいながら親になっていくのです。」（「ノーバディズパーフェクト Nobody's Perfect」 2002）というように，親役割を身につける営みへの支援はすべての人に必要なのだ。子ども時代に乳幼児の世話をする機会の少ない現代では，以前以上に親業への支援は大切である。適度な支えや育児の

知識などがあれば，育児を楽しむゆとりが生まれ，親としての自尊感情の形成ができる。子どもとの出会いに喜びを感じれば，自ずと親子関係は形成される。

❶　育児の知識や方法を伝達する役割

　五十音という基本があって初めて言語が意味をもつように，育児にも基本的な技術の習得が不可欠である。それは，世話の仕方だけでなく，子どもの心身の発達の知識も含まれる。乳児期は健康の判断の仕方，感情の読み取り方，言葉を話さない乳児とのコミュニケーションの方法，発達段階に応じて心身の成長を促すかかわり方なども必要である。

　これらは，かつては子守唄やあやし唄，わらべ唄として家族内や地域社会で伝達されてきた。日本の**伝承的な育児文化**は，子どもの心身を健康に育て，親としての喜びを感じ親子関係を形成する優れた育児の一つの方法である。しかし，第三次産業が中心の社会となりその伝達が途絶えつつある。この伝承されている育児を含め，育児に必要な基本的知識を親に伝えていくのが，保育士の大切な役割の一つである。

伝承的な育児文化：
第2章／④育児モデルとなる伝承の育児法（p.42）参照

❷　親がエンパワーする援助

　仕事においてはその労働を評価されるが，家庭における家事・育児は誰からも評価されず，社会から取り残された孤独感や疲労感を親は持つ。しかし，親は大人としてたくさんの能力や経験を持っている。親が自分の持つ力に気づき，時にはボランティアをして社会の役に立つ喜びを経験する。そのような機会や場を提供し，親が**エンパワー**する（自身の力に気づき，自己肯定感を高めていく）支援である。いわば，保育士は舞台の黒子（くろこ）であり，仕掛け人でもある。現代の親は自分のできない点に注目し自己評価が低い傾向がある。日常の家事をこなす力，子どもの安全を見守る，世話をするなど親たちが当然としてやっていることも，実際は適切な判断力や多くの時間と配慮があって初めてやれることである。

　このような点に気づき自分を肯定することやまた親自身の持つ力を発揮できる支援が求められる。周囲からの承認も大切ではあるが，支援によって親自身が自分を認める力が高まると親のエンパワーになる。

❸　親子の孤立を防ぐ

　地域社会が希薄になっている現代では，子育て家族の**孤立予防**は子育て家庭支援の重要な課題である。育児情報はインターネットなどで，たくさん入手可能だが，ネットとのつながりだけでは親の孤独感は低くならない。親同士がお互いに知り合い，情報交換や支え合いが孤立予防となる。育児仲間ができたり地域に自分たち親子を知っている人がいると，親子だけで過ごしている時間も孤独感は減少し，孤独な育児ではなくなる。そして，子どもを抱え込む母子密着も防ぐことができる。

　保育士は仲間に入りにくい親を受け止め，まずは保育士との間に信頼関

係をつくるよう心がける。次に，適切な時期に他の親を紹介し，地域の子育て仲間同士が知り合うきっかけをつくる。親同士が支え合う関係となったら，保育士は見守りの役に変わる。親の状況に応じ保育士は補助的な役割をとるのである。親同士が日常的支え合いを形成する支援がどのようにしたらできるかとの視点で支援をしよう。

❹ 地域みんなで子ども家庭支援 ― 地域づくりも念頭に

人は人の中に生まれ人の中で育つのである。個別的な家族を単位としながら，地域社会でお互いに支え合い影響を受けながら生活をする。保育士は親子を支援しながら，親子とつながる祖父母や親族，近隣の人々，地域などを常に念頭に置く。子どもの散歩のときに地域の人と挨拶を交わしたり行事などの交流によって，子どもを地域の人に知ってもらい見守りの輪をつくる。この地域のつながりは，子どもが学校等の次の生活の場にいっても継続するものである。このようにして地域に見守られて育った子どもは地域を大切にすることができる。自分も地域の一員との視点で，地域のために力を発揮する市民となるであろう。支援の長期的な目的も捉えられるよう心がけよう。

●イエローゾーンへの援助

イエローゾーンの家族へは，問題の深刻化を防ぎ家族の危機対応能力を高める支援をする。しかし，このゾーンの家族は，外見的には明らかな問題を呈_{てい}していない場合が多く，レッドゾーンとは別の意味で配慮のある援助が求められる。それは，親が自身の力に気づき，自己肯定感を高めていく（エンパワーする）支援である。保育士は，従来のように親を指導するのではなく，親と対等な立場にたつファシリテーター的な役割をとる。このゾーンへの援助には，カウンセリングマインドなどの活用も有効である。親と親とをつなげる孤立予防などグリーンゾーンへの支援と同様の支援も同時に必要である。支援を多少丁寧に，時には個別的な支援と組み合わせることも念頭におく。そのような支援の事例をいくつかあげておこう。

子どもに優しさを発揮できない母親がひろばのスタッフ・保育士に自分の気持ちを受け容れられ，自分の課題が夫への不満であると気づく。そして，夫と話し合いを持ち，直接夫とのコミュニケーションができると，屈折した感情を子どもに向けることはなくなる。このように，親が不満を溜め込まずに課題にきちんと向き合う支援である。

子育てに自信をもてない親が趣味の手芸を他の親に教える機会をひろばスタッフの設定で得て，皆に認められる。社会に貢献できた経験によって，自己肯定感が高められる支援である。その親に育てられた子どもの自己肯定感も結果的に高くなっていく。

ファシリテーター：
ファシリテート（facilitate）は"容易にする，促進する"の意味である。ファシリテーターは参加者が安心して参加し力を発揮できるように，参加者中心の場を提供する役目である。ファシリテーターは一参加者でもあり，参加者と対等な関係を持つ。

親が必要な知識や情報を得たり，育児や家事の工夫や判断が出来ない場合には，親が自分で考えるプロセスに寄り添う。時間はかかっても親自身が自分で考え判断することがエンパワーになるので，保育士は情報は提供しても，自分の判断を押し付けないようにする（本章③−❹）。

双生児をもつ親の集まりなどの**自助グループ**は，共通の喜びや心配を分かちあい支えあう仲間となる。例えば，カナダの**ノーバディズ・パーフェクト（NP）・プログラム**は，乳幼児を持つ親を対象とした**親の学習プログラム**である。プログラム終了後も親同士が仲間としてつながり，支え合いが継続される。この支え合いが地域をつくり，予防的な役割を果たすことになる。

なかには，育児をきっかけに精神的に揺らぐ親もいる。親自身の育ちの課題や祖父母に頼れない等の複雑な状況が絡まっていることもある。そのような親を保育士だけで抱え込まず，親が必要な機関を利用できるようにつなげることも念頭に入れつつ支援をしよう。

ノーバディズ・パーフェクト（NP）・プログラム：第5章／❷ファミリーサポートの実際／❷親の学習プログラム（p.136）参照

●レッドゾーンへの援助

このゾーンは問題対処型の援助となる。虐待やドメスティック・バイオレンス，貧困など問題が顕在化しており，個別的で専門的な援助が，継続的にしかも長期にわたって求められる。保育士だけではこのゾーンの援助は困難なので，子育て世代包括支援センターや子ども家庭支援センター，児童相談所，病院，時には警察など他の機関との連携が求められる。保育士は対象の家族を抱え込むのではなく，問題の状態を把握，判断し，適切な機関と連携をとることを心がける。また，一方で家族が生活をするときの地域の支えあいの構築が求められる。学校，学童クラブ，児童館など家族が利用する機関での温かな見守りやファミリーサポートやショートステイなどの制度の利用，**民生委員**や近隣のサポートや見守り体制作りも必要となろう。虐待やその疑いがある場合には，**児童相談所**等への通報が義務付けられ，関連機関が家族の課題と必要な支援を検討する。各機関の取る役割を共通理解し，親・家庭への適切な支援につなげる。連携の輪の中で，保育士に与えられた役割を遂行していく。

③ 保育士に求められる基本的態度 ― 保育臨床的姿勢

親が自分で判断しその結果を引き受ける体験を通して，親としての力がつき自尊感情が育まれる。その支援はどのようにしたら良いのだろうか。ここでは，❶相談・支援の方向性を捉え，❷で相手の気持ちを理解するための基本的態度を学び，❸相手に影響を及ぼす保育者自身の心の癖について考えます。そして，❹では相談・支援の心配りについて学ぶ。

❶ 相談・支援の方向性

❶ 親が内的な力を発揮したくなる

人から強制されたことや他者からの叱責や非難を免れるためにとる行動は，内発的な動機付けが低く緊張感が高まる。このような行動は，エネルギーを相当使うにもかかわらず，その人自身の持つ力を十分に発揮しにくい。逆に，自らやりたいと思ってすることは，内なる力が湧いて様々な工夫やアイディアを生み出す。そして，そのプロセスを楽しめるだけでなく充実感や達成感を持つことができる。たとえ思うような結果でなかったとしても，それを自らが引き受け乗り越えるエネルギーも持ちやすく疲労感も少ない。うまくいかず親がひとりで抱えられないときに，保育士が共感的な態度で受容する役割を持つ。日常の育児や生活のささやかな経験の一つ一つに自分の思いが大切にされ，自らの内発的な動機付けによって行動できた時，人は自尊感情を育み自己受容につながる。

❷ 長期的な視点を持つ

相談を受け取る保育士の誠実な態度・対応は，いうまでもなく大切である。そのときに問題が解決あるいは軽減することもあるが，何の変化も見えない場合もある。子育てと同様に，人が自ら内的な変化をするには時間がかかる。保育士は，"親自身に力がつく"という目的に立ち戻りながら，時間をかけて相談を受けていく。

例えば，園児が半年後に卒園する場合に，卒園までに問題の解決を目標にするとあせりが出る。その気持ちがつい強い指導になり，親との信頼関係が崩れてしまう。信頼関係を築くには時間がかかるが，崩れるのは実に容易である。このようなときに，長期的な視点に立ち戻る。相談を受けてもらい，人に支えられた体験があると，たとえその時点で問題は解決されなくとも，別の場に行ったとき，"人に頼ろう"と思えるのだ。一人で抱え込まず，信頼できる人を見つけ，苦しみや心配を分かち合うことができればよいのだ。

頼れる人を見つけ上手に頼っていくのも大切な力である。人と支えあう関係があれば，孤独で追い込まれたり母子密着状態や密室の育児にはならない。

　保育士は，親子に出会ったときに完璧にしようと気負わず，その人なりの力をつけ，その人が長い人生の間に力を発揮していくことを念頭に置きながら，丁寧に相手と向き合っていく。

❷　人の気持ちを理解するための基本的な態度 — 保育臨床的姿勢

　一人一人が自らの人生を，自分の思いや感情，判断を大切にしながら歩むための援助はどのようにしたらよいか。また，相談を受けるときの姿勢はどうあったらよいのだろうか。

　表 2 − 1 は，臨床心理で用いられる姿勢を参考に，保育士が相手（親や子ども）の気持ちを理解していくときを想定して表にしたものである。よく言われる受容，傾聴(けいちょう)は，図 2 − 3 のように心配事でいっぱいになっている“心に隙間を作る”作業とイメージするとわかりやすい。心配事があるときには，

---

❶　受容すること
　どのような相手に対しても，無条件に強い温かさや愛情を持ち続ける。

❷　積極的に傾聴すること
　相手の話を受動的に聞くのではなく，積極的に聴く。つまり，言葉，動作，声，表情，雰囲気など全体から訴えられてくる，心の奥に潜む感情や訴えを聴き取る。

❸　共感的理解
　相手の立場に自分を置き，あたかも自分自身のように相手の感情や考えを理解しようとする。

❹　保育士が理解した気持ちを伝えること
　保育士が理解した相手の気持ちを言葉にして伝えると，相手の自己理解を促し，相互の信頼関係を深められる。

❺　常に学ぶ態度を持つこと
　上記の人間的な温かい態度に加え，科学的な理論や技術に裏付けられた理性的な態度も重要である。常に専門家として勉強を心がける。

❻　常に自分自身の精神衛生に留意すること
　専門的技術に優れるだけでなく，健康的な人格が求められる。情緒的な安定や「自己受容」できていると，おのずと相手の人格を信頼し，包容力のある態度で接することができる。保育士自身もまた自己理解を深める努力を常に心がける。

（櫃田紋子・清水玲子・永田陽子編著『乳児の保育臨床学』1991 より修正）

表 2 − 1
人の理解のための保育臨床的姿勢

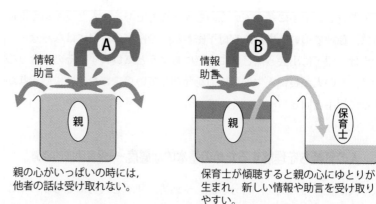

図 2 − 3
共感的な傾聴のイメージ

親の心がいっぱいの時には,
他者の話は受け取れない。

保育士が傾聴すると親の心にゆとりが
生まれ,新しい情報や助言を受け取り
やすい。

往々にしてその事にとらわれ別の視点に立てない。心が心配事であふれんば
かりになっている状態である（図 2 − 3 の A）。心配事で一杯になっている
心的状態の時には,適切なアドバイスをしてもすべてこぼれてしまう。他
のことが入る余地がないから受けとれないのである。親が自分の本心を保育
士に共感的に傾聴されると,図の B のように,心に余裕を生むことになる。
保育士の受容的傾聴によって,親は気持ちを保育士に渡すことができる。保
育士に渡した分だけ心に隙間が生まれる。そして,その隙間に,アドバイス
や新しい情報を取り入れられ,前向きな姿勢となっていく。

❶ 「受容」……対等な人間関係を持つこと

　人の気持ちに共感していくには,相手に対面する時の姿勢がまず問われる。
相手を尊重する思いを持ち対等な関係で向き合う。外見や育児の知識の豊富
さや役職,有名度や経済的な豊かさなどに動かされず,一人の人として相手
に出会う。目に見えるものに心が動かされがちという人間の持つ心の癖を十
分に捉えておくことが必要である。

❷ "聴く" ということ

　表面的な言葉だけを聞くのではなく,相手の "今" の気持ち・訴えを感じ
取り,受け取るのが「聴く」ことである。それは相手の全身から発している
サインのすべてを含めて,相手の伝えたい思いを受け取ろうとすることとも
言える。人は言葉での表現に気をとられがちだが,言葉は表現の一部にすぎ
ない。時には言葉によって本心をカモフラージュしてしまう。言葉に頼りす
ぎず,しかし,言葉も大事にしながら,相手の表情,顔色や声色,語気の強
さや声のトーン,視線そして態度で表している言外に含む気持ちを,保育士
も全身で感じ取り聴き取っていく。人は自分の気持ちを信頼できる人に伝え
ると,気持ちが軽くなり新たな思考がしやすくなる。

● **コラム　　《ある親のつぶやき》**

　初めての子育てを一生懸命する8か月の赤ちゃんの母親は，核家族で昼間は母子二人の生活である。仕事をやめて育児を始めたので，まだ近所に親しい人がいない。

　「子どもに泣かれると心配になります。いろいろやってみても泣き止まない時，家の中で赤ちゃんと二人だけで，“どうして泣き止まないのだろう？”とどんどん心配が膨らんでしまうのです。子育てひろばに行き，『どうしたのだろう？』とつぶやいたときに，誰かが『どうしたのだろうね。』と言ってくれるだけで，気持ちがすーっと軽くなります。不思議なことに，子どもも早くに泣き止む気がするのです。」

　この母親の言葉でわかるように，親は，指導や解決策を求めているのではない。自分たち親子に温かい関心を寄せ，一緒に育児の荷物を背負ってくれる人がそばにいてほしいのだ。それだけで気持ちも心配も軽くなる。

● **やってみよう**

❶　自分のことで考えてみよう。
　①　思い浮かべてみよう。あなたが自分の胸の内を聴いてもらいたいと思う人は誰だろう？
　②　反対に，緊張して話しにくい人もいる。
　③　両者の違いはどのようなところにあるのだろうか？
　④　それぞれの人と話し終わったときに，あなたはどのような気持ちになるだろう？
❷　相手によって私たちは話す内容も言葉遣いも異なる。あなたに元気が湧いてくるのは，どのような聴き方をされたときだろうか？

❸ 共感的理解

"共感的理解"とは，人間的な尊重の心・愛情をもって相手の存在そのものを受け止め理解することである。保育士自身の価値観や社会的な価値基準に当てはめて相手をみたり認めることではない。最初に自分の物差しを横に置き，相手の行動や感情を理解し，あたかも相手と同じような感じ方，ものの捉え方，人生観を感じるように努力する。相手の体の内側に入ってその人と一緒にいるかのような感覚である。自分の価値観や体験と類似しているときには，苦労なく楽に共感できる。しかし，自分の価値観と異なる場合にも，相手の価値観や感情体験を思いながら感じ取っていく。"おかしい""変だ"などの判断や感情が浮かんでいるときには，共感的理解ではなく自分中心の理解になっている。すなわち，自分の価値観や感情の動き方を当てはめているのである。共感的理解をしているときには，相手の苦しさや戸惑い，困窮した気持ちなどが保育士に浮かぶであろう。

　もちろんどんなに努力をしても，相手の気持ちを100％わかることは困難だが，このような姿勢を保育士が持っていると，人は必要以上に防衛的にならず自ら心の扉を開きやすい。

　反対に，保育士自身の価値観に相手があわせる（保育士の考え方に同意する）よう期待していると，親は当り障りのない話はするが，心を打ち明けた話をしなくなる。親として言うべきではないとか恥ずかしい，変だと思われそうなどの恐れから本心を表現できなくなると，二重にも三重にも心に鎧をまとい（**防衛機制**），ますます親の心は重くなっていく。このような場合には，親と保育士との話は平行線で終わることが多い。お互いに伝えたつもりでも，心が響きあっていないので，言葉だけのやり取りとなり，伝えたいことが伝達できない。そして，ますます相互の気持ちの溝が深まる。保育士側に相手に対して拒否や批判の感情が生じることがあるかもしれない。その場合は，なぜ，自分が拒否感を持つのか，批判的になるのかを考え，自分の心の動きを見つめることが大切である。

　共感的理解によって，保育士は自分以外の価値観や感じ方をわかち合い，様々な人生に出会える。丁寧にこのようなことを重ねていくと，保育士自身も豊かになっていけるであろう。

防衛機制：
受け容れがたい事態や状況などの時に，不安を軽減して自己を守ろうとする無意識的な心のメカニズム。合理化，昇華などがある。例えば，「すっぱい葡萄」（イソップ物語）の狐は採れなかった葡萄を「すっぱい葡萄に違いない。」との理由をつけ，気持ちをおさめた（合理化）。

● **事例で考えてみよう**

○　ある親が最近保育者と話をしなくなり，何かあったのではないか
　と保育者が心配している時

ええ，元気です。

最近元気ですか？

【やり取り①】

保育者：最近，元気ですか？
親　　：ええ，元気です。

- -

【やり取り②】

保育者：最近，いかがですか？
親　　：……。
　　　　実は，いろいろあってね…。

保育者 A：いろいろって何？
親　　　：……。

保育者 B：そう，いろいろ
　　　　　あるんだ…
親　　　：そうなんです。
　　　　　お兄ちゃんが
　　　　　学校に行きたが
　　　　　らないの…。

　【やり取り①】の聞き方の時に，親はどのような気持ちになるだろうか。
親は"自分の本心"とは関係なく，聞き手に合わせた返事をする。なぜ，こ
のような聞き方になるのだろう。"あの親は元気がない。きっと何かあるは
ずだ"と保育士の思いが優先しているために，親が本心を伝えにくい間口の
狭い聞き方となっている。相手が「はい」「いいえ」で返事をする質問は，
問いかける側の視点で考えられている。相手は自分の思いを語る余地が少ない。

　【やり取り②】の保育士 A は，途中から心配を保育士自身が共有しようと
して，事実（内容）を追求する問いかけになっている。このように，相手の
態度から，自分の中に土足で入り込まれる思いを持つと傷つきを避けようと
心の扉を閉める。相手がまとった鎧（よろい）を無理やり脱がせることは決してしては
いけない。防衛によって，人は自分を保っている場合があるからだ。
　一方，保育士 B は，あくまで親が自発的に自らの心の扉を開けるのを待
つ態度や問いかけ方になっているのに気づいただろうか？保育士の心のあり
方によって，おのずと言葉かけが異なってくる。保育士 B は心配をしてい

る自分の気持ちを横に置き，親が自由に気持ちを表現しやすい投げかけをしている。「いかがですか？」や相手の言葉を繰り返す問いかけは，親が儀礼的な返事も本心を言うのもどちらも選択できる間口の広い向き合い方である。イソップ『北風と太陽』の"太陽"のように，その人自身が保育士に温かく包まれた思いを持てば，自分から心の鎧は脱ぎたくなる。そのときには，無理がないので，体の内側から開放された心地よさを得て，心が軽くなる。

❹　自己理解を援助する
❶　自己理解を深める

　保育士が理解した相手の感情や思いを言葉で伝える。例えば，パートナーにイライラしたとの話の時に，相手が本当に伝えたい事は何かを考えながら聴く。「パートナーに気持ちをわかってほしかったのね」などのように，相手の思いを相手に返していく。自分の気持ちを改めて言葉で聞くと，自己理解が深められ，混乱が整理されて気づきが生まれる。また，不安の高い人は，現実には起きていないが起きたらどうしようと思い，不安を大きくしていることがしばしばみられる。推測と実際に起きていることとを明確に分けて捉えることも重要である。受容されながら自己理解を深めると，新しい情報を得たり新たな思考をするゆとりが持てる。人は理解され受容されると，自信が生まれ，自分の力を肯定的に使うことができ，自分なりの答えを見出しやすく，希望へとつながる。

　また，自分を理解してくれた保育士への信頼も同時に深まっていく。

❷　判断を下さない

　保育士の価値観や常識的な判断を入れて話すと，判断を下すことになる。保育士自身の思いが先行し，「（親ならば）子どもをかわいがって」「子どもの立場に立って考えてほしいけれど」「それは子どもには無理でしょう。」など，言葉や態度に表われる。そして，相手は自分が批判されたと敏感に感じ，心を閉じる方向に動いていく。保育士は問題や心配を共有する人であり，判断を下す人ではない。判断をするのは，あくまで本人なのだ。

● やってみよう

❶ 例えば，親が「この頃，子どもが言うことを聞かなくて困る。この
　間も買い物の時にぐずったので，憎らしくなってしまった。」と言っ
　た時。

①　あなたは，どのような思いが浮かぶだろうか？

②　この親とどのような受け答えをしますか？やりとりをしてみよう。

●こんなやり取りが考えられる。

親　　　：「ぐずると本当にいやになる。憎らしくなる。」

保育士：「ぐずられるといやになることもありますね。」

親　　　：「そう，急いで買い物をしたかったのに，できないし…」

保育士：「急いでいた時だったのね。」

親　　　：「人がたくさんいて，みんなが私の方を見て…」

保育士：「注目されてしまったのね。○○さんはいやだったのね。」

親　　　：「見られていたから，私が強く叱って，無理に引っ張ったら
　　　　　大泣きして，何しても泣き止まない。」

保育士：「強く引っ張ることになって，何をしても泣き止まなかった
　　　　　のね。
　　　　　　○○さんは，早く泣き止んでほしいと思ったのでしょう？」

親　　　：「そう，子どもはどう思ったのかな？」

保育士：「親子でお互いに影響しあっているようね。○○さんを信頼
　　　　　しているから，子どもは安心してぐずるのだと私は思う（2
　　　　　章③の❹を参照）けれど。」

親　　　：「信頼して安心しているからか。そう思ったことはなかった。
　　　　　私は信頼されているんだ。そう思うと，かわいくなりますね。」

③　保育士の役割としてはどのようにしたらよいだろう？

❸ 保育士自身を観る

❶ 心の癖を観る

　私たちは，心の癖をもっている。これは，育ちや生活の中で誰もが身につけているもので，良いとか悪いとかではない。心の癖は相手との関係性に影響を与え，また，保育士自身も相手の癖によって影響を受ける。お互いに相手によって，自分の心の動きやすい部分が引き出される。相手だけを観察の対象とせず，保育士自身の心の動き方・心の癖もよく観察し把握しよう。

　左の写真を見て，最初に何が思い浮かぶだろうか？「かわいそう」「できることなら自分が代わってあげたい」とか「政治家は何をしているのだろう」「土地を耕して作物を実らせる方法はないのか」。前者は状況に感情移入し母性的な面が強く動き，情緒面を動かしやすい心の癖がある。後者は父性的な面が先に動き，事態を即座に捉え，道徳的・批判的な判断をするタイプである。また，中には感情と道徳的に見る面が両方同じくらいに動く人もいる。

　自分の感じたことや要求，考えの出し方にも癖がある。周囲を気にするよりも，自分の思いをスムースに表現するタイプと，その反対に周囲の意向に合わせる方が強く働き，自分の思いや気持ちを心にしまいやすいタイプがある。これらは，どれが良いとか悪いとかではない。どの面も，あまりに強すぎたり弱すぎると適応的行動がとりにくい。例えば，芸術家は自分の気持ちを出しやすく，天真爛漫で我が道を通す。往々にして周囲を気にせずに行動するので，時には適応的行動が困難になることもある。逆に，周囲に合わせる動きが強く働くと自分の気持ちは後回しになり，苦しくなることもある。

　上記のようなことを参考にして，自分の心の癖を自分で見つめ，相手の持つ心の癖を考慮すると理解しやすい。

❷ 関係性を観る

　親の語りかけ（マザーリーズ）を赤ちゃんは受け取り，なおかつ応じて答える力を持っている。人は生まれたときから他者に自分の動きを合わせる能力を持つが，この力は人とタイミングのあったやりとり（関係的）の体験によってさらに発達する。親や保育士の心が安定していると赤ちゃんも安心して抱かれ，心が安定する。次の頁の例のように保育場面でも相手の行動や感情に影響されることが生じる。大人の相談でも，同様の相互の関係性が生じる。相談の内容ややりとりのし方で保育士の感情が刻々変化し，それによって相談をする親の気持ちも変化していく。相手の言動や態度で保育士が苛立

ちや怒りを覚えたときには，自分の側に相手の言動の引き金となる態度や思いがないかを振り返る。保育士自身の心の動きを自分で把握すると，相手が自分との関係性の中で表現していることが見えてくるので，お互いに感情を荒立てずにやり取りが行いやすい。

●　子どもと保育士の例で考えてみよう

（子どもが転び泣いて保育士の所に来た。ひざに擦り傷ができている。）

保育士 C：（男の子は，強くあるべきだ。K ちゃんはよく泣く子だと思っている。泣いてきたのはまた K ちゃんか……）
　　　　　「K ちゃん，どうしたの？」
K　　　　：「転んだのー。痛いよー」
保育士 C：（怪我の程度を見て，小さな擦り傷と判断）
　　　　　「大丈夫。痛くない，これくらい。男の子は泣かないの！」
K　　　　：「痛いよー」（泣き止まない）
保育士 C：（大げさなのよねー。K ちゃんは）
　　　　　「そんなに泣かないの。4 歳はお兄ちゃんでしょ。おかしいよ。」（全くもうーいやになってしまう。弱虫なんだから…。いつも男の子は強くと言っているのに。）
K　　　　：「転んだよー。ここ，痛い。」
保育士 C：「たいした傷じゃない。泣き止みなさい！」

● K ちゃんは，痛かった思いを保育士に受け容れられず，なかなか泣き止まない。保育士は，泣き声に触発され，早く泣き止ませたい気持ちがエスカレートしていく。自分の思い通りに泣き止まない子どもの姿によって，動かされている保育士と保育士の声かけによって泣き止まなくなっている子どもがいる。保育士は K ちゃんの訴えを受け取っていない。このときに保育士が K ちゃんの気持ちを受容していたら，まったく違った展開になる。

（子どもが転んで泣いて保育士の所に来た。ひざに擦り傷ができている。）

保育士 D：（子どもに，強い気持ちを持ってほしいと考えている。K ちゃんは感情を泣いて表す子だと思っている。）
　　　　　「K ちゃん，どうしたの？」
K　　　　：「転んだのー。痛いよー」
保育士 D：（怪我の程度を見て，小さな擦り傷と判断）「痛かったね。」
K　　　　：「痛かったー。」

> 保育士D：「うん。痛かったね。どれどれ，おまじないしよう。痛い
>   の痛いの飛んで行けー。遠くのお山に飛んで行けー。どう
>   かな？」
> K　　　：「うん。飛んでいっちゃった。」
> 保育士D：「飛んでいっちゃったね。もう元気になったの！強いね。」
> K　　　：「うん。遊んでくる。」
> 保育士D：「行ってらっしゃい。」

　自分の言っている言葉を自分の耳で聴くように心がけると，いかに相互の関係性に影響されているかが，見えてくる。

4　相談・支援への心配り

❶　主語を入れて話す

　保育士が相談を受け，相手に情報を提供したり，保育士の意見や体験，考えを伝えることもある。その時に主語を入れて話す（Ⅰメッセージ）。「私は，〜をしました。」「私は〜と考えます。」の言い方によって，「あなたはどのように考えますか？」と相手が自分の考えを入れ自己決定する余地を残せる。「あなたは…」で言い始めると保育士の思いや判断，意見を押しつける言い方になる。保育士が指示や判断を下すのではなく，親が迷いながらも自分で判断することが，その結果を引き受け，親に力がつく支援となる。そして，長期的にみると，自分自身を認め自信がつく。

　また，知識や情報は「〜の方法もあります。」などのように，親に判断を託せる伝え方を心がける。

I（アイ）メッセージ：主語を入れて話すと，押しつけない・押しつけられない会話になる。特に意見や感情等を伝える時には，対等な会話にしやすい。

❷　職業としての守秘義務

　保育士には守秘義務があり，相談された内容を他者にむやみに話をしてはいけない。相談は相互の信頼関係の上に成り立ち，話された内容を専門家として自分で受け止める努力をする。人は往々にして，自分で受け止めきれない時に誰かに話したくなる。そのようなときには，守秘義務を守れる園長や専門家にスーパーヴァイズを受けると不安なく親子にかかわれる。安易に他者に話した結果，相手を傷つけてしまう場合もある。信頼関係が崩れるだけでなく，適切に"他者に頼る"（依存する）親の力をそぐ結果を招くので，気をつけよう。

　専門家同士で検討するときにも，相互に守秘義務を確認しあう。このような守りを作ることが，相手も保育士自身も守り適切な関係を維持することに

つながる。ただし，児童虐待やその疑いを見つけた場合には，通報の義務が課せられている。

❸　物理的な環境にも配慮を

物理的条件は思っている以上に人間の行動に影響を与えている。相手とコミュニケーションをする時の，位置関係で考えてみよう。相手を見下げる位置に保育士が立つ，あるいは，威圧感を感じる向き合い方では，それだけで上下関係となり話しづらい。リラックスして話しやすい距離や立ち位置に配慮しよう。

また，相談はプライベートなこともあり，時には，深い感情が働き取り乱す。話が他の人に聞かれないよう相手を守れる空間を準備する。雑音の少ない適度な広さの空間で，同じ目線になる位置になるようにしたい。相談の内容によっては，他の機関を紹介する場合もある。

保育士同士の話が長くなる時，内容が親や子どものことの場合には，親子のいない場所に移動をするよう心がける。

❹　抱え込んではいけない場合

相談の中には，保育士だけで対応できない，あるいは対応してはいけないことがある。保育士が"かわいそう"との思いで抱え込むと，反って状態を悪化させる。自分の専門（守備範囲）外のことが持ち込まれたときには，自分の専門外であることを伝える。そして，相談内容に応じられる適切な機関や人につなげるまでが，保育士の仕事である。そのときに他の機関との連携をとる（第3章①参照）必要が生じる。

次のような場合には，保育士だけで相談を抱え込んではいけない。① 子どもに障害や心身の発達などの心配があり，保育の範囲を超えていると考えられるとき，② 虐待やドメスティックバイオレンス（DV）などのように，子どもの心身の発達に過大な悪い影響が考えられるとき，③ 親や子に大きな喪失体験などがあり精神的に混乱している場合，落ち込みが激しい状態のとき，④ 自殺をほのめかすような訴えがあるとき，⑤ 常識的な範囲を越えて相談を持ちかけられたとき（例えば，時間や場所をわきまえない），また内容が保育士に理解し難い，つじつまが合わないなどがあげられる。

4 育児モデルとなる伝承の育児法

　伝承的な育児法，伝承的な遊びは，子どもが育つ上で非常に有益な内容を豊富に含んでいる。しかし，今日そのような育児・遊びの伝承が途絶えていることはまことに勿体なく，残念なことである。保育士が伝承的育児と遊びを学び，その意義を理解し，自らの保育の中で活用するとともに，子育て家庭支援として親に伝承する役割を担ってほしい。

① 伝承されている育児の知恵

　以前，日本の社会では，祖父母や地域の人々が乳幼児にかかわる姿を見て，親たちは育児を学び，子どもも乳幼児とのかかわり方を覚えた。それらは遊び的でありながら，乳幼児の健康の判断の仕方や成長を確認するなど，育児の基本の知識や技術を伴っているものである。医療が不十分だった時代，病気や怪我をせずに，子どもが健康に育つようにと大人は心を砕いてきた。地域に伝えられている育児の知恵には，育児を楽にする知識が沢山ある。例え

写2−1　「○ちゃんのおでこと先生のおでことごっつんこー」と声掛けながら，おでこをあわせる遊び。健康時のおでこの温かさを覚えておき，発熱の確認をすることができる。

ば，眠くなってきたときには手が温かくなることや子どもと大人がおでこを「ごっつんこ〜」とくっつけて遊びながら，体温を確かめるなどである。発熱時は額が熱くなると知っていれば，気になったときにいつでも容易に熱の確認ができる優れた方法である。その他にも乳児が「プー」と唇を振るわせるようになったら歯が生え始める，乳児が触る顔の部分を「お目々」「お口」と言葉かけをすると認知理解が進む等，子どもの発達の見通しをもつ知恵や発達を支える知識もある。また，乳児期のあやし唄や幼児時期のわらべ唄は，楽しい遊びとして何百年もの間脈々と伝承されてきたと考えられる。繰り返し遊ぶと身体を上手に動かせるようになり運動能力が高められた。それだけではなく，負けて悔しくても楽しさに惹かれて遊び，忍耐力や社会性も育った。遊びは子どもの健康な育ちを支えているのである。

　核家族中心の社会では，これらの子育ての知識も遊びも伝わりにくい。以前地域社会が担っていた基本的な育児の知識や遊びを親子に伝えるのは，保育士の役目となった。核家族化，育児の個別化が進むにつれ，保育士は意図して積極的に伝達者の役割を担わなければならない。お迎えの時にぐずっている乳児の手の温かさを観て，「お手々が温かいから眠いのかもしれないね」などを親に伝えると，親は判断のしかたを学ぶ。あるいは，普段触らない耳

を子どもがしきりに触る時は，耳に怪我や病気がないかなどの健康への気配りのヒントを伝える。保育中に子どもと遊んだわらべ唄を親にも教え，家庭でも遊んで貰う。言葉だけに頼りすぎず，子どもとかかわる姿 ── 育児モデルを示し，親が親としての力を高める支援をする。

② 乳児期の遊びと育児

　幼児期以降と同様に，乳児期も子どもが自ら学ぼうとする"自発性・自主性"の優先が保育の基本である。あやし唄は大人が一方的に乳児をあやすだけの方法ではない。乳児が生まれつき持つ，人志向や模倣力を発揮し，成長につながる乳児とのかかわり方である。乳児ときちんと視線を合わせ，乳児の応答を見ながらコミュニケーションの道具として用いる。乳児が遊びを理解し考えている間，大人は待つことが必要である。特に1歳になるまでは，乳児が応答するまで4〜5秒の時間が必要である（片岡容子・久保田まり，2015）。これは神経のシナプスが十分につながっていないためと考えられている。また，遊びながら，乳児の健康状態や心身の発達状態を同時に判断し，病気の早期発見，早期対応にもつなげる。あやし唄で遊び大人が乳児を観察する力を養うと，育児に安心感が持てる。乳児の個人差や発達に合わせ，何の準備も要らず非常に容易で誰もができる。

> ● **映像 2 − 1　　《生後 2 か月児との遊び》**
>
> 　乳児と視線を合わせ，「れーれーれー」と歌いかけながら，舌で上唇を右左右となめる簡単な口遊びである。歌いかけた後，数秒待つと乳児は精一杯の応答をする。乳児のペースを大切にし，繰り返し同じ遊びで遊んでいると，徐々に応答が明確になっている。発声や口を動かす乳児の投げかけを受け取り，大人とのやり取りが生まれている。楽しんでいることは，乳児が視線をそらさないことから推測できる。このように乳児が考え，自分の体を自分で動かすことが発達に繋がる。また，人との心地よいかかわりによって，人に注目する力や人への愛着が形成されると考えられる。

　映像2−1でみられるように，生後2か月でも乳児はコミュニケーションが取れる力を持っている。ただし，乳児に脅威を与えず安心なかかわり方の時に，その力は発揮される。乳児が大人の歌いかけを受け取り理解している間，焦らずゆったりと待ち，乳児との時間を楽しんでいる時にコミュニケーションは可能となる。あやし唄で気持ちを行き交わす**間主観的かかわり**（渡辺久子，2000）は，乳児の"人が好き，自分が好き"という愛着感情を育

あやし唄：
伝承されているわらべ唄の中で，乳児期の遊びを"あやし唄"と呼ぶことがある。インターネット等で紹介される乳児の遊び歌は一方通行の内容が多い。乳児期にも双方向のコミュニケーションができるかかわりが必要である。乳児とのコミュニケーションとなる遊びについては，永田陽子「0歳児支援・保育革命2」に詳しい。

●映像 2 − 1
この映像をご覧いただくには，ななみ書房ホームページ（http://773books.jp/）より『実践　子ども家庭支援論』の書籍ページに進み，「子ども家庭支援論　映像 2 − 1」（http://773books.jp/video/7801/）をクリックすると視聴することができます。

間主観的かかわり：
かかわり合う両者が場や時を共有し"共に在り"響き合う体験

ていく。それは，心理的発達課題では「基本的信頼感」（E.H. エリクソン）（表2－2）にあたる。

		伝統的育児	心理的発達課題（エリクソン）
乳児期前期		人の動作を見て安心感を持つ，人を好きになり，模倣する／動作言語の獲得	基本的信頼感 VS 不信 信　頼
乳児期後期 幼児期前期		意思を動作言語で表す／音声言語の獲得 四肢を的確に動かす／やり取りをする	自律感 VS 恥・疑惑 意思力
幼児期後期		勝ち負けを経験し，負けを受け入れる 単純な協応動作／1対1や子ども同士の遊び	自主性 VS 罪悪感 目的意識
学 童 期		目的を達成する努力，複雑な協応動作 1対1での遊びや集団での遊び	勤勉性 VS 劣等感 適格意識

表2－2
日本の伝統的育児と心理的発達課題

視線を合わせ乳児に「うっくーん」と語りかける。数秒後に乳児は返事の発声をする。これが喃語になり，言語の発達につながっていく。乳児の発声に応答的であればあるほど，その発声は促される。「にぎ，にぎ，にぎ」などの簡単な手遊びでは，生後4～5か月で乳児は腕を振る。その月齢に応じた精一杯の模倣が観られる。乳児が理解し自発的に体を動かすのだが，大人と同じ手の動かし方は生後9か月頃まで待たないと難しい。しかし，乳児の自発的な行動は意欲につながるので，非常に重要である。0歳後半では，首をふる（"いや"の意味），座位で拍手をする（「じょうず，じょうず」）などの動作言語を遊びの中で覚える。映像2－2は生後6か月児との「いやいや」遊びである。

「にぎ，にぎ，にぎ」：
手を握る・ひらく・握るの動作を「にーぎ，にーぎ，にーぎ」と歌いかけながら遊ぶ手遊び。

●映像2－2
この映像をご覧いただくには，ななみ書房ホームページ（http://773books.jp/）より『実践 子ども家庭支援論』の書籍ページに進み，「子ども家庭支援論 映像2－2」（http://773books.jp/video/7802/）をクリックすると視聴することができます。

● 映像2－2　《生後6か月児との遊び》

乳児と視線を合わせ，「イヤイヤイヤ」と歌いかけながら，首を振ってみせる遊びである。歌いかけた後，数秒待つと乳児は体を揺らして応答している。この遊びをして，腹筋や背筋などの筋力もつき，座位がしっかり保てる。乳児と応答して繰り返し遊んでいると，段々と相手と同じ動作ができるようになる。そして，生後9，10か月頃になると，「いや」と感じた時に，首を振ってその感情を表現できるようになる。

「あぐあぐ」：
噛む習慣をつける声掛けである。一般に使われている「もぐもぐ」は口の動かし方がわかりにくい。口を大きく動かす「あぐあぐ」の声掛けは，乳児が模倣しやすい。

また，離乳食を食べる時に声かけ（「あぐあぐあぐ」）をして噛む習慣をつけるなど，人の模倣をしながら生活習慣を身に着けていく。大人はこれらの動作をお手本として見せながら，子どもの成長を喜ぶ。子どもは模倣しながら自らの体をコントロールすることを覚え，意欲が育っていく。例えば，寝返りを打つときの励ましの言葉「ごろん，ごろん」，生後5か月頃からする大人のひざの上で脚の屈伸をする「ぴょん，ぴょん」，這うようになったら「待て待て」（写2－2）と追いかけて運動を促す，立ち始めたときの「立っ

た立った」，歩き始めの「あんよは上手」との声かけは，歩くまでの一連の声かけである。人に見守られ，認められ励まされて子どもは体も人とつながる力も心も育っていく。

　乳児は，1歳前後に要求はかなり強くなるが，まだそれを言葉で言えない。この時期には，動作言語を使うとコミュニケーションが容易になる。例えば，首を振ると「いやいやなのね」と自分の気持ちを受容され言葉をかけられ，乳児の自己理解が進むと同時に，音声言語も獲得できる。このような体験を重ねて，感情のコントロールや言葉で気持ちを表すことを覚えていくのである。

写2-2　「待て待て」：後ろから「待て待て」と赤ちゃんをハイハイで追いかけ，ハイハイを促す遊び。また，"大人より先に行く喜びの気持ち"を育てると言われている（阿部ヤエ）。

　乳児期からやってよいことといけないことがあることも伝承的育児では教えてきた。叱ることは乳児の怪我や病気につながるようなことに限られている（阿部ヤエ，1998）。危険な場合，毎回同じ動作で対応をされるので，わかりやすい。例えば，熱い鍋を触ろうとしたときに，「○○ちゃん！」と目を合わせて「めっ！」「ないない（やってはいけない）！」と怖い声色と表情やジェスチャーでサインを送る。乳児は視覚と聴覚で"いけない"というサインを受け取りその基準を覚えていく。

年　齢	0歳	1歳	2歳
目　的	人を好きになり，動作言語を習得	マナーを身につける	がんばる力をつける
運　動［口］	・お語り・れぇろ・あぷー・あわわわ		
［手・腕］	・にぎにぎ・いやいや	・ぱちぱち・ばんざい　・上手上手	・上がり目
生活習慣		マナー：・こんにちは　・おはよう　・おやすみなさい　・いただきます　・ごちそうさま　・ごめんなさい　・名前を呼ばれての返事・お年は？1つ	
［噛む］	・あぐあぐ　――――→　・もぐもぐ		
全身的運動	・ごろん　・ぴょん・待て・立った・あんよは上手・くるくる		・いもむしごろごろ　・両足跳び

図2-4
乳幼児の遊び

（永田陽子「人育ち唄」を修正）

　0歳の後半に乳児がテーブルの上の食べ物を床に落とす時期には，食べ物を手にしたときにやって欲しい動作（行動モデル）を示す。保育士が食べる動作や「あぐあぐ」や「かんかん」と噛む動作を見せる。噛むことが習慣になってきたら，口を結んで食べる食べ方（「もぐもぐ」）を教える。人に受け入れられやすい社会的態度を身につけられるように，頭を下げる動作での挨拶や名前を呼ばれて手を挙げ返事をするなども乳児期から保育の中に取り入れる。人とのかかわりを通して，乳児は人を模倣する力が育ち心も体も成長して行く。また，親は乳児とのかかわり方がわかることによって"親になっていく"のである。

46

3　幼児期の遊びと育児

　心の土台である基本的な信頼感を形成し生活習慣を学んだ幼児は，子ども集団に適応する力をつける段階に入る。子どもへの関心もさらに増し，他児の使っているものをほしがったり一緒にいる楽しさも経験する。幼児期は，優劣をまだ気にしない３歳位までの幼児期前期と勝ち負けの理解が進む３歳以降の後半の時期とに分けられる。前半は，友だちと一緒にいれば，満足である。優劣や勝ち負けを理解し始めた３歳頃には，他者と競う事を覚え一番でないと気がすまない。負けても勝ったと主張したり負けそうになると遊びをやめてしまったりする。最初は負け＝自己否定と捉えてしまうためであるが，遊びこむと負けを一つの体験として捉えられるようになる。このことによって，いつも勝つのではない現実の自分を認識できる力が育つと考えられる。特に勝ち負けのある遊びによって，失敗への耐性が育まれる。人は誰でも自分の失敗や負けを受け容れることは難しい。皆でする楽しさに引かれて繰り返し遊び，負けを理解し受け容れ，失敗への耐性をつけていく。皆で遊ぶ楽しさに惹かれ，遊びで勝ちたいとの目的を持って（目的意識：エリクソン第Ⅲ段階）地道に努力を重ね，達成感に裏づけされて勤勉性（エリクソン第Ⅳ段階）を達成する。

　幼児期は１対１で遊ぶ，集団で楽しむたくさんのわらべ唄がある。３歳くらいまでは，勝ち負けがなく，人と一緒に遊ぶ楽しさを経験する。例えば，手遊びでは，「トントントンひげじいさん〜」のように，歌いながら相手と同じ動作をして楽しむ。また，「レンゲの花」は大人から乳児までの集団でする遊びである。皆で手をつなぎ大きな輪になる。歩けない乳児は大人が抱き，いやがる子どもは輪の真ん中にいて参加する。皆が楽しく歌いながら手をつないだ輪を広げたり縮めたりを繰り返すだけの遊びであるが，他者と居る心地よさや動きを合わせることなども学んでいく。

　３歳を過ぎると，勝ち負けが入る遊びに変化する。花いちもんめは２つのグループで遊ぶ。歌いながら皆で動きを合わせる，グループで話し合う，勝ち負けを競うなどの要素が加わる。自分を指名して欲しくても思い通りにいかない悔しい思いもする。このような体験の積み重ねで，社会性や耐性，感情のコントロール力がついていく。もちろん，体を動かす開放感や巧緻性も伴う。ジャンケンは個別でも集団でもできる優れた遊びである。また，１対１でするにらめっこ遊びは，人と視線を合わせる練習でもある。「だるまさん，だるまさん，にらめっこしましょう……」と歌い「あっぷっぷ！」と頬を膨らませてだるまの顔でにらめっこをする。視線をそらせる，笑う，息をしたのを見破られたら負けのルールである。本気でやると,肺活量も鍛えられる。視線を合わせることに慣れていると,コミュニケーションがスムースになる。

レンゲの花：
「ひらいたひらいた，何の花がひらいた，レンゲの花がひらいた，ひらいたと思ったら，いつの間にかつぼんだ。つぼんだつぼんだ，何の花がつぼんだ，レンゲの花がつぼんだ，つぼんだと思ったらいつの間にかひらいた」と歌いながら，手をつないだ輪を大きく広げたり，中心に集まって小さくして遊ぶ。（藤田浩子　2006など）

"目は口ほどにモノを言い"との言葉通り，視線から人の気持ちを理解する大きな手がかりを得られるからである。

　その他にも二人でする「せっせっせ」「じゃんけんぽん，あっち向いて，ほい」，集団で遊ぶ「だるまさんが転んだ」「ずいずいずっころばし」「通りゃんせ」「あぶくたった」などの遊びがある。歌いながら体を動かす遊びは楽しく，体の発達も促進する。相手の動きに合わせることやリズム感，バランス感覚も磨く。人といることの楽しさだけでなく，自己主張や思うようにならない時には感情のコントロールのしかたも練習することができる。友だちと遊び，社会性も発達する。わらべ唄の遊びは，脳科学で推奨されている育つ時に五感を使う体験が含まれている。

●　やってみよう

❶　自分が小さい頃，皆で遊んだわらべ唄はどのようなものがあるだろうか？遊んだときの気持ちを思いだして話し合ってみよう。

❷　「痛いの痛いの飛んでいけ〜」のように，やって貰ったおまじない等を思い出してみよう。子どもだった自分はどんな風に感じたのだろう，皆で話し合ってみよう。保育現場で活用できるモノはあるだろうか。

❸　曾祖父母や祖父母，地域の高齢者に，子育ての知恵を聞いてみよう。それらの知恵と子どもの発達との関連を考えてみよう。

●参考文献・図書●
①阿部ヤエ『人を育てる唄』エイデル研究所　1998
②大藪泰『赤ちゃんの心理学』日本評論社　2013
③小西行郎・遠藤利彦「赤ちゃん学を学ぶ人のために」世界思想社　2012
④片岡容子・久保田まり「乳児と母親の情動共有の検討」日本乳幼児医学会第25回大会、2015
⑤カナダ政府・向田久美子訳・子ども家庭リソースセンター監修「ノーバディズ・パーフェクト（Nobody's Perfect）」ドメス出版　2002
⑥河合隼雄『臨床教育学入門』岩波書店　1995
⑦子ども家庭リソースセンター「Nobody's Perfect 活用の手引き」ドメス出版　2003
⑧永田陽子「人育ち唄」エイデル研究所　2006
⑨永田陽子『０歳児支援・保育革命１』ななみ書房　2017
⑩永田陽子『０歳児支援・保育革命２』ななみ書房　2019
⑪波多野名奈（監修）「０〜２歳児のあそび図鑑」池田書店　2018
⑫櫃田紋子・清水玲子・永田陽子編著『乳児の保育臨床学』東京教科書出版　1991
⑬藤田浩子『赤ちゃんのあやし方・育て方』一声社　2013
⑭藤田浩子『育つ・育てる　１〜３』一声社　2006
⑮森田汐生『新しい自分を生きるために』童話館出版　2005
⑯森田汐生『心が軽くなる！気持ちのいい伝え方』主婦の友社 2015
⑰渡辺久子『母子臨床と世代間伝達』金剛出版　2000

（永田陽子）

48

第3章
多様な支援の展開と関連機関との連携

　本章では，第2章で学んだ子ども家庭支援の考え方や姿勢を，実際の支援への活用や応用について学ぶ。子ども家庭支援の実践を紹介しながら，保育士の役割を理解できるようにした。また，困難を持つ家族を保育士だけで抱え込まないために，他機関とチームワークを組むときの具体的な連携にも触れている。

　①では主な連携先と連携時の配慮点を示してある。②では，保育所が担当する支援について述べている。③は，子育てひろばでの支援への配慮や親が親力を高められる支援へのあり方などを取り上げている。ともすると，保育士が得意な歌やリズム遊びを提供して，支援をしたつもりになることがないように，ひろば担当者が『子どもの発達への支援』との目的を見失わないように考慮した。④は，今後，さらに必要性が高まるであろう父親への支援を具体的に紹介している。最後に⑤で，孤立しがちな要保護児童家庭への支援では，児童福祉施設での保育士の役割と社会で子育てをする家庭への支援について取り上げている。

1　主な関係機関との連携

　保育士は子どもの保育とその保護者支援が仕事である。しかし，家庭や子どもの問題が多様で複雑になっている現代では，保育士だけでは対応が難し

いことがしばしば起きる。保育士の支援だけでは不十分な場合である。その守備範囲外のことは，自分でかかえるのではなく他機関・他職種との連携が必要になる。本節では，主な連携先とその役割や連携時の配慮について述べる。子育て家庭支援にかかわる制度の詳細は，第4章②で取り上げており，参照してほしい。

他機関との連携：
第3章／❽関係機関との連携　図3−2（p.65）参照

● 子育て世代包括支援センター

妊娠中から親子の心身の健康をサポートする。保健師，栄養士，精神科医等の専門職がいる。特に就学前までの子どもに対しては手厚い支援が準備されている。母子健康手帳の発行から乳幼児健康診査を始め，住民の状態に応じた支援や相談もできる。保健師は地域事情を把握（はあく）しており必要に応じて家庭訪問や専門機関の紹介も可能である。

地域の誰もが利用する機関であり，相談の第一次窓口として親が利用しやすい。また，母子健康手帳の発行等で親が場所を知っていることも，親子に紹介する時の強みである。子どもの発達関係や親の精神保健に関して紹介することが多い。ほとんどの子どもが受診する乳幼児健康診査時での相談は，親にとって抵抗が少ない。このセンターは，必要に応じて健診から詳細な検査や継続的治療，療育等に繋げる役目を持つ。子どもが適切な療育等につながる機会として，乳幼児健康診査の活用も念頭に置こう。

子育て世代包括支援センター：
第4章／❸安心できる妊娠・出産の保障／❶子育て世代包括支援センターの設立（p.91）参照

母子健康手帳：
第4章／❸安心できる妊娠・出産の保障／❷母子健康手帳と妊婦健康診査助成制度（p.92）参照

乳幼児健康診査：
第4章／❸安心できる妊娠・出産の保障／❼乳幼児健康診査（p.93）参照

● 児童相談所

児童虐待やその疑いがある場合に，児童相談所への通報義務がある。不適切な育児をした親にレッテルを貼るためではなく，親としての力を発揮できるサポートにつなげるためである。育児の中心は親であるが，親だけで背負いすぎないこと，周囲に上手に頼れるようにすることが大切である。

児童相談所は，親や家庭状況に応じ，各機関の役割を明確にし，必要に応じて子どもの保護や施設入所を進め，子どもが育つ環境を整える。

児童相談所：
第4章／❼子どもに関する相談事業と虐待等の予防・発見・対策／❶児童相談所（p.100）参照

● 福祉事務所

経済的な問題の場合には，福祉事務所で相談が受けられる。福祉制度の利用により生活が安定すると，安心して育児に臨める（のぞ）ようになることもある。

● 医療機関

子どもの発達が気になるときに医療機関を紹介する場合がある。言葉が遅い，視線が合いにくい，チック等子どもの心の発達に関することは，小児（児童）精神科が専門である。運動関係や発達障害などに関しては，小児神経科医のいる病院がよい。親が心配をしていない時には，最初から専門的医療機

小児神経科医：
日本小児神経学会では小児神経専門医のいる施設等を紹介している。
（https://www.childneuro.jp）

関を紹介すると保育士への不信を持つ場合もある。最初は上述の子育て世代
包括支援センターの保健師や医師につなぎ，その紹介で医療機関につながる
方が親の抵抗は少なくスムースである。

● **女性相談センター**

　主にドメスティック・バイオレンス（DV）関連で利用する機関である。
都道府県設置の女性相談センターでは，DV の相談だけではなく，加害者か
らの避難や避難後の生活も見据えたサポートにつなげる。男女参画センター
では，DV の相談を担当する。相談して，被害者が暴力を振るわれる原因が
自分ではないことを知るだけでも元気が出る。保育士も DV について学び，
親への適切な支援につなげることが，子どもの育ちを守ることになる。

● **警　　察**

　夫婦げんか等の暴力行為を子どもの面前ですることが児童虐待として位置
づけ（児童虐待防止法改正　2004 年）られたことにより，警察で対応する
DV 相談ケースの多くが児童相談所との連携につながっている。保育士も，
虐待や DV 対応に関連して警察や女性相談センターとの連携をいつでもでき
るようにしておく必要がある。また，保育所に，DV 被害者の子どもが措置
されている場合には，加害者が保育所に来るなどの事態を想定した訓練が必
要であろう。

● **療育機関など**

　子どもの発達をサポートする療育機関がある。保育所など通常の集団と並
行して，利用する。また，発達の状態によっては，毎日通う通園施設もある。
これらの機関は，保育士が保護者に直接紹介するにはややハードルが高い機
関である。子育て世代包括支援センターなどの機関から紹介される方が親の
気持ちの抵抗は少なく，療育につながりやすい。

② 保育所利用家庭への支援

　保育所は，在園児の保育に加えて，在宅の親たちへの子育て家庭支援の役
割も担っている（児童福祉法 39 条で「保育所は，保育を必要とする乳児・
幼児を日々保護者の下から通わせて保育を行うことを目的とする施設」，48
条 4 で「当該保育所が主として利用される地域の住民に対してその行う保育
に関し情報の提供を行い，並びにその行う保育に支障がない限りにおいて，
乳児，幼児等の保育に関する相談に応じ，及び助言を行うよう努めなければ

ならない」とされている。後者は 1997 年の法改正で加えられた。)。園庭開放や離乳食の試食会，子育て相談，一時預かり保育と多様な支援の形態がある。保育所では地域事情に応じてさまざまな工夫をしており，保育士の取る役割も従来の保育士役割だけにとどまらない。本節では，在園児の家庭への支援に加え，保育所で実施する各事業の支援についても述べる。

❶ 在園児の家庭への支援

❶ 保育所在園児の家庭への支援の視点

　保育所在園児の保護者は子育てと就労とで多忙である。また，保護者の健康状態や DV 等の特別な理由による在園児は，保護者や家庭が安定していない場合も多い。保護者自身のあり方に影響を与える家庭の状態や祖父母の協力の有無，経済状態等一人一人異なる状況がある。保育士は普段から保護者や家庭の状態の把握と理解を心がけ，適切な支援ができるようにする。家庭状況は常に変化することも念頭に置こう。また，在園児の家族には個別的な支援だけでなく，家族同士の横のつながりを活用する視点もあると，何層もの支援が可能になる。保育士は，保護者同士が知り合い交流する機会を作り，クラスや園内に協力しあえる関係づくりも同時に進めていくとよい。

　例として，保護者会の活用を考えてみよう。保育所側からの報告と情報提供だけに終わらせず，保護者間の意見が出せる会にする。例えば，子どもの「イヤイヤ」に手こずっている保護者の発言に保育士が答えを出さずに，他の保護者に意見を求めるのである。同様の経験を持つ保護者のアイディアは参考になる。また，同じ様に困っている保護者の発言は，悩んでいるのは自分だけではないとの"安心感"も生む。アイディアを出した保護者は，自分の経験が他の保護者の役に立ったことで，自信がつく。このようにして，保護者会で作られた保護者同士のつながりは，その後の交流をスムースにしていく。朝夕の交流や保護者同士での支え合いが生まれる。

　各家庭が孤立せず，他の家族や園，地域に開かれていくと，保護者は適切な育児の学びができ，子どもは幅広い人々との交流で成長することができる。保護者を指導するのではなく，対等な関係を保ちつつ保護者に力のつく支援をすることは第 2 章❷（p.25）で述べた通りである。

❷ 日常のコミュニケーションで関係作り

　保育所では職員が交代制勤務のために，保護者は送迎時に子どもをよく知る担任の保育士と話せないとよく言う。保護者と保育士との連絡の不足から行き違いが起きることがしばしばみられる。連絡帳の活用はもちろんだが，できるだけ対面での会話をする。その時には，言葉だけでなく声色や表情な

どからも保護者の気持ちを受け取る努力をする。特に，不安が強かったり，家庭に危機要因がみられる保護者とは日常的なコミュニケーションを心がける。職員間の連携を密にとり，園全体として家族とのコミュニケーションを大切にし，話し合える関係作りを続けていく。

❸　助言と情報提供

在園児の保護者は，育児の知識や考え方を知りたいと考えており，保育士からの言葉は印象に残る。インターネットで育児情報は得られるが，情報過多でどれが適切かの判断にも迷う時代である。わが子の姿を知っている保育士への期待は高い。子どもの状態に合わせた情報を知らせたり助言を心がけ，保護者が納得しやすい伝え方を工夫する。話をするときには，お互いの話からイメージする内容が共通の場面になっているかに気をつけよう。事例3－1のように，全く別な状況をイメージしていると，会話のミスマッチが起きるからだ。同じ場面を共有すると共通理解となり，判断を誤らず適切なアドバイスができる（事例3－2）。保育士の判断や大切にしていること，発達の見通しなども伝えると，保護者が判断の基準を学べるだろう。送迎時にその日の子どもの様子を保護者に伝えるなど，日常の話す機会の活用も考えよう。

●　事例3－1

　志津ちゃん（3歳）のママから食事の相談があった。以前は好き嫌いなくよく食べていたが，最近，志津ちゃんが夕食を少ししか食べず困っている。食べるように声掛けをするが，なかなか食べず，時間がかかり，つい叱ってしまうという。

　ママの訴えから，保育士は，食べて欲しい量が多いのだろうと推測した。保育所では給食もおやつも残さず食べていることを説明した。食べたいときには食べているのだから，量を減らし食べられる達成感をもてるようにすることを提案した。

●　事例3－2

　数日後，ママの話で次のことがわかった。降園して夕食を作っている間に「お腹すいた」とうるさいので，お菓子をあげている。夕食の時には，相変わらず好きな物を少ししか食べない。

　保育士は，夕食前にお菓子を食べていれば，夕食を食べられなくなると判断した。ママには，子どもが夕食まで待てないのなら，お菓子ではなくおにぎりなど夕食の一部を先に食べさせるようアドバイスをした。その食べたものも含めて夕食と考えれば，身体によいものを適量食べられることになる。

❹ 育児モデルとしての保育士

　在園児の保護者が育児について日常的に相談をするのは保育士である。それだけに，保育士の役割は大切であり，子どもの送迎の時に目にする保育士の行動は，保護者にとって子どもとのかかわり方を学習するよい機会ともなる。この機会を利用し，褒めること・叱ること・遊び方や子どもの発達の読み取り方など保護者に伝えたい情報を，子どもとかかわる姿を見せてさりげなく伝えることができる（事例3-3参照）。それは，取りも直さず保育士の子育ての方針などを伝えることでもある。保護者会などのかしこまった機会だけではなく，保護者とふれあうあらゆる機会を活用する姿勢を持とう。保護者と子育ての方針を共有できていると，保育の成果も上がりやすいからである。

● 事例3-3

　洋ちゃんのママは，子どもへの声かけがきつく保育士は普段から気になっていた。なかなか靴を履けない洋ちゃんに「早く，履けって言ってるでしょ！やることがのろくて，ぐずなんだから。いやになっちゃう。お姉ちゃんのくせに，ママの言うこときかないし……」と言い始めると次々と否定的な言葉をかける。

　洋ちゃんは靴を履きながら，そばにいる友達のことをじーっと見て靴を履く手が止まってしまう。ママからの言葉かけが始まるのはこのようなときだ。ママが言いだす前に，保育士は「（洋ちゃんの関心のあることを共有し）なっちゃん，かばんにコップ入れてるね。洋ちゃんは何するのかな？」と洋ちゃんの気付きを促す声かけをした。そして，「靴，ひとりで履けたね。やったー！」と達成した喜びを共有することを心がけた。「ほら，洋ちゃんが一人で履くまで，ママが待っててくれたよ。」とママが待っていたことにも，"ありがとう"の気持ちを込めて言葉にした。

　事例3-3では，無理やり靴を履かせるのではなく，洋ちゃんが"自分のこと"に気持ちが向くよう導いている。子どもの気持ちに添いながら，保育士の投げかけによって子どもは考える力が育つ。大人が指示を出し続けると，子どもは指示待ちの姿勢を身につけていく。否定的な言動を極力少なくし，子どもが自発的に気づき行動できるように，日々の保育を工夫する。

　また，保護者に対しても一人の人として尊重する姿勢を持つ。概して，保育士は子どもの側に立ち，保護者に対して批判的になりがちである。保護者は育児に関しては初心者かもしれないが，一個人として尊重されて初めて子

どもにも優しくなれる。育児や遊び方の知識を伝えるときには，押し付けにならないように気をつけよう（第2章③－❹参照）。

❺　配慮が必要な保護者への支援

❶　心身不調の問題をもつ保護者への対応

　保護者の心身の不調が理由で保育所を利用する場合もある。精神的なバランスを崩している保護者へは，特に配慮が求められる。うつ的傾向あるいは鬱病を持つ親は強い不安を感じている。まじめで自己肯定感が低い性格傾向を持つ。気力が持てず普通の日常生活を送ることが困難である。朝，子どもを定時に送ってくることが難しい場合もある。保育士は保護者の話をよく聴くこと，そして，一般的基準ではなくその保護者なりにやれていることを認めるよう心がける。「もう少し頑張って」などの励ましは逆効果になる。回復には長期間を要するので，保育士も焦りは禁物である。長く続く服薬の心配を訴えられた時には，安易な意見を言わず医師への相談を促すことが肝心である。また，睡眠が十分取れていない状態が続くときには，その症状を医師に伝えるように助言する。不十分な睡眠は心身に悪影響を与えるので，早めに睡眠を改善するためである。

❷　訴えの多い保護者への対応

　日常的に起きた事態に対して，繰り返し訴えてくる保護者がいる。話し合いをしたいと思うのだが，すれ違いが生じお互いにいやな思いをして話し合いにならない。このような場面の対応はどのようにしていったらよいのだろうか。

●　事例3－4

　保育園で子どもが喧嘩した時には，毎回のように圭ちゃんの親が話をしてくる。今日も，「昨日のことだけれど……」と降園の時に話し始めた。"圭が噛みつかれたと言っているが担任から報告がなかった。知らせずに隠すつもりか，最近，鉄ちゃんに意地悪をされると圭が言っている"と親は怒った口調で話し込んできた。

　事例3－4の保護者は，何を保育士に伝えたいのだろうか？

　保護者は，わが子から鉄ちゃんとの喧嘩の話を聞き心配になった気持ちを伝えたり，保育士に報告をしてほしかったのだろう。保育士は，受け止めた保護者の思いをことばできちんと伝えていこう。この時，園の方針や担任の考えを先に説明すると，行き違いを招くことが多い。保護者は不安や怒りが大きく，自分の思いを聴いてほしい気持ちが強い。まずは，その思いを受容

し心が軽くなることが第1段階である。

　しかし，訴えが頻繁になると，保育士は保護者の思いを受け入れ難くなっていく（事例3－5）。保育士が保護者に否定的な感情で対応すると良い結果にならない。このような時に，保護者の心にきちんと向き合い聴く姿勢を保つ努力が大切となる（第2章③－❷）。保護者からの話が頻繁で長時間になる場合には，話を聴く日にちや時間の枠（制限）を提示するのは，良い関係を保つ工夫である。

● 事例3－5

　担任は度重なる圭ちゃんの母親からの訴えや要求に嫌気がさしていた。親が来た時に“またか。今度は何を言いたいの⁉”と思った。

　担任は，子どもの成長過程に必要な子ども同士のぶつかりと考えていた。鉄ちゃんが使っていたおもちゃを圭ちゃんが取り，鉄ちゃんに噛みつかれた。子どもたちには指導をした。その時には噛み痕があったが，降園の時には消えていたので，あえて親に伝えなかったのだ。それに，相手のものを強引にとり原因を作ったのは圭ちゃんであった。圭ちゃんは，噛まれたことだけを親に伝えた可能性もあると担任は思った。

　担任は，まず実際の場面は親が言ってきていることと異なることを伝えようとした。しかし，親は声を荒げて話し合いにならなかった。

　乳幼児期は，子どもが互いにぶつかり合いながら社会性を身につける時期である。きょうだいが少ない現代では，このようなぶつかり合いに子どもも親も慣れていない。保育士と同様に，子どもの成長を長期的にみる視点を保護者にも持ってもらうにはどのようにしたらよいだろうか？圭ちゃんの保護者のように，要求や苦情を訴えたい時に，人は他者の意見に耳を傾けるのは苦手である。

　第2段階は，保育士の捉えている圭ちゃんの成長の様子や保育士の考え方を伝えていくのだが，その時に，保育士の押し付けにならないよう配慮する。まずは，保護者の思いを直接保育士に話してくれたことへの感謝の気持ちを伝える。その上で，ぶつかり合いがあったことや怪我の状態を確認した等の事実を話していく。しかし，不適切と思ったことは正直に謝ることも必要である。事例3－4の場合には，よかれと思ってではあったが，保護者に伝えなかったために心配をかけてしまったことに関しては謝るのだ。

　3か月前には圭ちゃんは友達のものがほしくても見ているだけだったが，この頃は自己主張できるようになり成長して嬉しいと思っていること，鉄ちゃんと仲良く遊んだり喧嘩をしたり最近は二人でよく遊ぶなどの保育場面での具体的姿を伝える。このようなやり取りで，「半年前と比べる」など長

期的に子どもの成長を観ていく視点を伝えていく。

　今回のぶつかり合いは子どもたちの成長する機会と捉え，自分の気持ちの伝え方を二人の子どもに保育士が話したことを伝えてもよいだろう。しかし，保護者の話を聴くことに主眼を置き，保育士からの話は少なめにする。時として，保護者は自分の子ども時代の経験と重ね合わせ，深刻に捉えていることもある。自分が子どもの時にいじめにあった苦しい思いや友人ができなかった悲しさがよみがえってくる。わが子がいじめられっ子になったらどうしようなどと先のことを考え不安を大きくしている場合もある。

　保護者からの訴えにはその都度きちんと対応をすることが大切である。そのままにすると，保護者は保育士への不満をつのらせ信頼関係が悪化する。極端になると，いわゆるモンスターペアレントといわれるような担任や園を飛び越して訴えを起こす方向に動くこともある。このような事態は極力避けたいものである。そのコミュニケーションのあり方は，子どもにとって適切な行動モデルとはならないからである。

> モンスターペアレント：
> 単に苦情等を言うことではなく，思い込みが激しく権威を盾とする行動を起こす等して一方的に動き，対話が困難な親を表わす。

2　地域に開かれた保育所として

　在園児ではない子どもとその親への子育て支援の一環として，保育所は地域の子育て支援も担っている。保育所の特徴を活かし，地域に合わせた多様な支援が展開されている。

❶　一時預かり

　原則，利用の理由は問わないで，子どもを昼間預けることができる。冠婚葬祭やきょうだいの保護者会，親の通院やレスパイト等の理由で利用する。定員があり，多くは予約をしての利用になる。

　馴れない場所で過ごす子どもの不安や親と離れる怖れを十分理解して，子どもとかかわる。あらかじめ子どもの状態などを親から聞き，家庭との差異を多少とも少なくすると，子どもが安心感を持ちやすい。たとえ泣いて過ごしても親以外の人にきちんと向き合ってもらえた体験は，子どもの適応の幅を広げる。保育士は子どもの気持ちに寄り添い，声かけや子どもが興味を持つ遊びにゆったりとつきあう。心地よい遊びは適度な疲れとなり，入眠もしやすくなる。

> レスパイト：
> 育児中の一時的な休養。

❷　子育てひろば

　保育所の一室を利用して，親子が集う子育てひろばである。月に1回など回数は多くないが，外遊びが盛んになる1歳半位までの親子の利用が多い。出入りが自由で親は乳児の生活のリズムに合わせた利用ができる。遊び場と

してだけのひろばもあれば，手遊びやかかわり合い遊びの時間を設けているひろばもある。同時に園庭開放や身体測定を実施する園もある。

ひろばや園庭開放では，親は保育士を保育の専門家として観る。子どもとの遊び方や声のかけ方，叱り方は親の手本となる。ひろばにいる保育士になら気軽に相談ができる。園庭開放を利用して，保育所に入れることを決めた親もいる。保育士の保育を観て，保育への信頼が持てたと言う。地域の保育所への理解を得ることに繋がった例である。

なお。ひろばスタッフの役割については，次の「地域の子育て家庭への支援」（第3章③）に詳細に述べてある。

❸　その他の事業

保育所でする子育て支援は園ごとに異なり，多様である。各保育所の特徴を活かし，離乳食試食会，保育所の給食体験，1歳児親子保育園体験，お誕生会体験などは，通常の保育の一部に加える支援である。在園児への影響も考え，受け入れ人数は限られる。七夕飾り作りや作って遊ぼうなど通常の保育とは別の部屋で実施する支援は，部屋の広さや担当保育士の人数で参加人数が決まる。夏祭りや一日動物村など保育所のイベントをオープンにし，親子が自由に参加できる企画もある。対象は乳児から2歳児が中心で，支援は1〜2時間と短時間が多い。

保育士や看護師，栄養士など職員の専門性を活かし，「離乳食のあげ方」などテーマを決めた講話の支援もある。

子育て相談は，相談日を決めている園，上記のような企画に参加したときにいつでも受けつけることをうたっている園もある。相談は，子どもの状態や親の様子を見ながら判断して対応する。**在園児の家庭への支援**で記述したように，親が語る場面と保育士がイメージする内容との不一致がないようにして，助言や情報提供をする。また，指導的にならないよう配慮する。

在園児の家庭への支援：第3章／②保育所利用家庭への支援／❸助言と情報提供（p.53）参照

3　地域の子育て家庭への支援

子育てを周囲に頼れない家族が増えてきた。近くに親族がいない，あるいは家族同士が子どもを預かり合う程の知り合いになってないなど，現代の社会状況を反映している。**一時預かり**の子育て支援は，数時間だけ預かる保育所での一時預かり保育やファミリーサポートがある。ファミリーサポートは，講習を受けた地域のサポート会員が地域のファミリー会員の子どもを預かる制度である。地域内の支え合いの一つである。

また，長い時間の預かりには，ショートステイやトワイライトステイがあ

一時預かり：第4章／❽保育・預かり型支援／❼一時保育・一時預かり・病児保育・夜間保育（p.105）参照

る。これらは，年間の利用日数が決められている。最大限利用する家族もいれば，１回のみの利用で終わる家族もいる。多くは，自治体の子育て支援センターなどが窓口となり，乳児院や児童養護施設等で実施している。夜間まで，あるいは泊まりで子どもを預かる施設は限られており，利用者の近隣にあることはまれである。子どもは知らない場所でなじみのない人と長時間過ごす不安や緊張感が高い。親からの聞いた姿と異なる行動をする場合もある。保育士は子どもの気持ちを受け取り，安心して過ごせるように配慮する。普段と同じように食欲があり遊びに熱中できるようであれば，安心感を持てていると考えられる。不安が高い場合には，保育士が気持ちを受けとめ安全基地となるよう心がける。

　家庭で育児をしている親子への子育て家庭支援は，子育てひろば（つどいの広場），保育所，児童館，子育て支援センター，乳児院など子育てに関する様々な場所で展開されている。ここでは特に「子育てひろば」という支援の場の取り組みについて述べたい。

❶　子育てひろばでの支援

❶　子育てひろばでの支援

　かつては，人々の交流の場が地域のいたるところに存在した。そこでの交流によって，子どもの預かり合いや生活の知恵，また育児法などが伝達されていた。現在では，未就園の乳幼児を連れた家族が利用する子育てひろば（写３−１）が，以前の“地域”と同様の役割を担っている。子育てひろばは乳児から３歳位までの子どもと親のつどいの場である。子育てひろばができて四半世紀を経た現在では，乳児連れの親の利用が増えている。そ

写３−１　子育てひろば：それぞれが思い思いの過ごし方をする（ころころの森：東村山）

こには保育士がおり，子育て相談も実施したり，地域の子育て情報を置き親が入手しやすいようにしている。これらはカナダのドロップインからヒントを得ており，日本でも 2000 年ごろから急速に全国的に広まった。週3日以上開催するひろば型の地域子育て支援拠点は，全国に 7,259 か所あり（2017 年度，厚生労働省），未登録のところも含めると相当の数にのぼると推測される。従来の児童館とひろばとの違いは，表３−１に示す。

表３−１
児童館とひろば

	従来の児童館	ひろば
対　象	幼児や学童	未就園の乳幼児とその保護者
目　的	子どもの発達への援助	親が安心して子育てができる 親子の孤立予防，育児の伝達の場 親のエンパワー，情報提供，相談
内　容	指導的なプログラムを提供する	ノンプログラム，自由な参加
場　所	一定の場を確保	専用スペース，集会所，空き店舗の利用，個人の住宅など多様
運営主体	公設が多い，委託事業	公設，委託事業，NPO，個人など多様

（前頁）
ひろば型の地域子育て支
援拠点：
第4章／❷子ども・子育
て支援新制度　図4−1
（p.90）参照

母子カプセル：
過剰に密着し社会性が身
に付かない母と子の関
係。

子育てひろばの目的は，子どもの発達のために親が安心して育児ができるようになることである。ひろばでは，在宅で子育てをする親が育児仲間を得て，孤立が防止される。そこでは，年齢の異なる子どもを見て発達状態を知る，育児の仕方を学ぶ，情報交換，仲間同士の支えあいなどが日常的に行われる。また，子どもは，集団生活に入る前に家庭以外の世界を知ることができる。親たちに見守られながら，他の子どもの遊びを見る，他者とふれあいによって**社会性の発達**が促される。乳児のうちから年齢相応の他者との交わりは子どもや親の社会性を育て，その結果，親子間で適度な距離を保ち，**母子カプセル状態**を防ぐ。

ひろばでは時間や行動を規制されず，乳幼児の探索や自発的な行動を優先させている。そして，親が親になっていくことを支援する場である。親に"サービス"を提供するのではない。また，常にスタッフがいる点が公園とは異なる。ひろばスタッフの役割は，次節❷で取り上げている。

❷　出前での子育てひろばでの支援

子育てひろば担当保育士が地域に出向き，臨時の子育てひろばや子育て支援事業をする。

いわば，子育て支援の**出前（アウトリーチ）**である。出前をする目的に合わせ，おもちゃや持ち物をそろえ持参する。出前の場所は，学童のいない午前中の学童クラブ，公民館や空き店舗などである。活動内容も様々である。遊び場としての子育てひろば，保育士がリズム遊びや簡単なおもちゃづくりなどをテーマした出前もある。また，親のおしゃべりの場を実施し親の孤立予防をすることもある。

出前のひろば開催の広報を工夫して，地域の親子の目にとまるPRをする。公的機関との連携をとると，**新生児訪問**時に案内を手渡して貰う，母子手帳交付時や乳幼児健診時での配布や広報誌への掲載ができる。乳幼児親子が行く地域の遊び場や店舗にチラシを置いてもらう交渉も可能である。

❷　子育てひろばスタッフの役割

従来の児童館や保育所での指導型の保育士の役割と，ひろばでの役割とは異なっている。ひろばは以前地域が担っていた子育ての"情報伝達の場"や"見守りの場"を社会で意図的に提供するものである。

❶　過ごしやすい環境作り

ひろばが，安全で安心な空間であることは最低条件である。乳幼児連れの親の居心地がよく，繰り返し行きたいと思える物理的，人的環境を整え保持

する温かな雰囲気で緊張せずに居られる場をつくることが保育士の役割である。（写3－2）

　イベント的なプログラムの提供が中心ではなく，ほっとして乳児がおもちゃで遊び，親子でかかわる場の提供をする。保育士は親の評価や批判をせず，子どもの健康な育ちを願う者として寄り添う。

写3－2　子育てひろば：受付からスタート，安心できるように（ころころの森：東村山）

❷　親の孤立を防ぐ

　乳児をつれて行ける場は限られており，子育て仲間を得ることが困難で親は孤立しがちである。**パートナー**は早朝からの勤務で，昼間母子家庭状態の家族も多い。パートナーと会話をしなければ，一日中大人と話さないこともある。自分が就労していたときには仕事を通して自分が評価され，社会とのつながりを感じることができた。その生活とは異なり，子育ては誰にも認められず孤独を感じる。子育てへの不安があり義務的な子育ては楽しさを発見できない。特に第1子の親はこのような状況に陥りやすい。これらの親の孤立を防ぐのが，保育士の役割である。（写3－3）

写3－3　仲間と話す：子どもを遊ばせながらのおしゃべり（ころころの森：東村山）

　人と人をつなげ，親の**孤立予防**をする。それには3段階がある。最初は，まず親と保育士とが知り合うこと，次に育児友達をつくること，最後に地域の人と親とをつなぐことである。

　ひろばに来た親子に保育士が寄り添い，親が「この保育士がいるから安心，また来たい」と感じられるのがスタートである。消極的な人や対人関係が苦手，あるいは周囲が受け入れにくい行動をとる人の場合には，保育士の配慮あるかかわりが特に必要となる。保育士は親の状態に気配りをし，親と親しくなるように心がける。子育ての楽しさを発見するゆとりがない，しかも大人と話ができない閉塞感は保育士に受け容れられたことで減る。その保育士に会うために，ひろばに繰り返し来ている間に，保育士を介して育児仲間ができる。ひろばが出会いの場となり，親同士が話し合える子育て仲間となる。自分たち親子を知る人がいない孤独感は，人と繋がりあうことで薄らぐ。地域の人同士の繋がりは，ひろばを離れた街中でのかかわりや支え合いにつながっていく。保育士は**公園デビュー**のような緊張感が起きないように見守りをする。親子や家庭状況によっては時には，**子育て世代包括支援センター**の保健師や子育て相談機関を紹介するなど地域の関連機関につなげることもある。

パートナー：
一般的に婚姻制度上では，夫または妻を表す。しかし，本書では制度外の関係も含めた捉え方をし，パートナーの言葉を用いる。

公園デビュー：
1990年前後，子どもを遊ばせる公園で，親が育児仲間に入るのに緊張をもたらす状況を表している。

❸ 親をエンパワーする

　親は自分の力を見直し気づき，発揮する，知識や情報を得る，子どものかかわり方が身につくなどによってエンパワーできる。その結果として親としての自尊感情が高められる。日常の家事や育児をこなしている自分に気づいたり，小さなボランティアをして社会に貢献できた自分を認めることもある。スタッフは親が参加しやすい場や仕組み作りを考える。このときに，できばえ（結果）ではなく，そのプロセスに親が無理なく参加できるかどうかを重視する。

　例えば，ひろばの飾り付けやイベント（祭りの準備など）への協力や参加，動植物の世話をするなどである。保育士から提案するものもあるが，親たちの主体的な活動への援助も考えられる。場所や情報の提供，会の開催時のサポートなど支援の内容は親たちのニーズや能力，時期によっても異なる。親が力を発揮することを優先させながら，保育士は黒子のように不足を補うことを考えていく。他者との交流によって，自尊感情が高められることも大切である。また，外国人の親の場合は，パンフレットの翻訳のボランティアや母国の料理，外国語を教えるなど国際交流の機会が持てる。日本人家族にとっても，子どもが育つときに異文化にふれ国際理解が深められる。

❹ 育児の伝達

　初期の子育てひろばは"育児の伝達"をひろばの役割として位置づけていなかった。現在では，"育児の伝達"はひろばの大切な役割となっている。子どもを持てば親業が身につくわけではない。以前地域社会や大家族が担っていた"育児の伝達"は，現代では保育士などの家族にかかわる人々の役割である。しかし，親を指導するのではなく，親が必要としたときに，空気のようにいつでもどこでも吸収できるように"育児情報"や"育児モデル"を，保育士は提供する。言葉を話さない乳児の欲求を読み取り対応すること，あやすことや喧嘩への対処，成長に合わせた言葉かけなど，育児は刻々変化する子どもに合わせた対応と判断を求められる。初めての子育ては育児の仕方がわからず多くの不安を伴う。教えてくれる人や頼れる人が身近にいない場合，また育つときに乳幼児に接した経験のない親は特に不安が大きい。そのような親にとってひろばでの保育士の行動は，大切な育児モデルとなる。また，子どもの発達や育児のヒントなどを掲示して伝えることもできる。

❺ 子どもが健康に育つことへの援助

　子どもは0歳のときから他者に関心を持ち，日々社会性をはぐくんでいる。したがって，日常的に子どもに会え，遊びができるひろばは子どもの健康な

育ちを保障する大切な場である。他の子どもの行動を見る，おもちゃの取り合いなど一見マイナスに受け取られがちな行動も子どもの発達には意味のあることである。保育士は子ども同士のかかわりの場を保障すると共に，親とは異なる対応をする人でもある。また，必要に応じて親に子どもの発達や行動の意味を伝え，大人が安心して子どもを見守れるようにしていく。

写3－4　子どもの発達を促す遊び：興味を持つ遊具を遊びやすいように配置（ころころの森：東村山）

● **コラム　《こころも育てる》**

　子育てひろばでは母親たちが，テーブル付きのベビーチェアに座っているわが子に離乳食を食べさせている。赤ちゃんの口が空になると母親たちは食べ物を入れる。しかし，その間，親たちはおしゃべりに夢中で，赤ちゃんへの語りかけはない。だから，離乳食のときから練習する"噛む習慣"も"食べる楽しさ"も育てることはできない。

　＊「あぐあぐ」「かんかん」と口の動きを見せれば，噛む習慣が体得できる。「おいしいね」と言葉をかければ，食事の楽しさだけでなく，赤ちゃんの心も親子関係も育つ。スタッフがどのようなかかわりをすれば，母親たちは赤ちゃんの心育てに気づいていけるのだろうか？

あぐあぐ：
第2章／④育児モデルとなる伝承の育児法／❷乳児期の遊びと育児（p.44）参照

---

❻　相談に応じる

　保育園児の親は，子どもの心配を保育士に相談することができるが，在宅の親は，日常的に相談できる相手がいないので，身近で気軽に行けるひろばでの相談は大切な場所となる。よく話を聴く，知識や情報を伝えるなど，"保育士の基本的な態度"（第2章の③参照）を持って臨む。保育士は指導をするのではない。判断をするのは親自身である。親は最初から深刻な話はしない。日常のたわいもない話のやりとりで安心感を持つと，徐々に心を開き，内面の問題を話す。批判されないか，だめな親とみられないかと周囲の目を気にして良い親であろうとする傾向が日本人には強い。自分の内面に向き合い，自分や家族を見直せると，事態は変わらなくても，捉え方が変化する。（写3－5）

写3－5　スタッフとのおしゃべり：気持ちを話したり，相談したり（ころころの森：東村山）

🔟　子育て環境としての地域づくり

　前述したように，ひろばは親子にとって生活の場としてのひとつの地域である。そこは，子どもの育ちに大人がかかわりながら，社会の基本的なルールや互いの価値観を伝える場でもある。

　子育てひろばでの**地域づくり**の実践をみてみよう。市民のボランティアの力を借りた庭での畑作りを通して，多世代の交流のきっかけを作った。ひろば利用の親子は，無理なくできる水やりや収穫などに参加する。そこでは，子育て中の親に生活の知恵が伝達される。また，野菜や花を育てる作業を通して，命を育むこと，心が自然に癒される体験，人は自然とは切り離せない一部であることなどを体験的に学ぶ。同時に食の大切さに気づき，簡単・便利が優先ではなく，子どもや家族の健康を考えるようになる。知り合った地域の方と，街中で会話をすることもある。新たな繋がりが生まれる。他の家族との交流によって，わが子との繋がりを感じ，自分の家族や夫婦関係を見直すこともある。

写3−6　隊員用のエプロンをして赤ちゃんを抱く男児。赤ちゃんの温かさを感じる反面，どう接して良いかわからない戸惑いも大きい。（子育てひろば：北区）

　「**赤ちゃんに出あい隊**」という小学生のボランティアや中学校への赤ちゃん訪問授業をするひろばもある。乳児とふれあう機会の少ない現代の子ども達には，育つ時に育てることを学ぶ貴重な場となる（写3−6）。また，親は，乳児について小学生や中学生に教えることで自信が持てる。我が子の将来の姿を子ども達と重ね，子育てを楽しもうと思う親もいる。ひろばでの様々な世代の交流が，お互いの支え合いを生んでいくのだ。図3−1は赤ちゃんと遊んだときの記入用紙の例である。相互の交

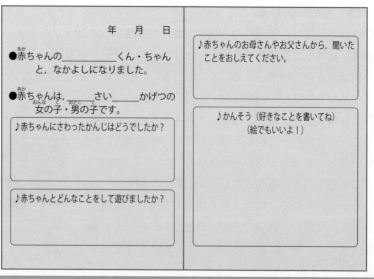

図3−1
赤ちゃんに出会い隊の活動手帳
（子育てひろば：北区）

流を作るための仕掛けがある。感想だけでなく，親に聞いたことも書くように
なっている。会話のきっかけとなり，お互いに知り合うことができるので
ある。

　地域の人に支えられた体験は，地域づくりをする市民としてのモデルとな
り，親子に地域の担い手としての意識が形成される。

　これらの考え方を念頭に置き，保育士はひろばにかかわる人々の摩擦を少
なくしたり，地域で役立つことの喜びや感謝を伝える役割をもつ。

❽　関係機関との連携

　保育士だけでは対応が困難な場合や不十分な時には，親に他の機関を紹介
する。親子が必要な支援を受け安定した生活を送れるようにしていくためで
ある。親子の状況により，紹介機関や連携機関は異なる。図3−2に示すよ
うに，保育士は親子が利用可能な地域の各機関を把握しておく。第2章や
本章の①を参考にしつつ，親子のニーズを把握し，子どもの発達や生活改善
につながる機関を考える。図3−2は発達の気になる子どもについて，保育
士が親に子育て世代包括支援センターを紹介した（①）事例である。紹介を
受けたセンターの保健師は，親の話と子どもの様子から，専門の医療機関に
つなげた（②）。医師は療育を親子に紹介した（③）。また同時に，弟を連れ
て療育に通う困難を受けとめ，それを包括支援センターに戻した（④）。そ
して，センターの保健師は親にショートステイを紹介した（⑤）。弟を預け，
子どもの療育に親が安心して付き添える体制が整えられた。このように，親

図3−2
各機関と連携

親子が必要とする機関を
地域に多数ある機関から
選びつなげる。

と信頼関係のある保
育士の紹介がきっか
けで，必要な支援に
繋がっていく。新た
な機関を親に紹介す
るだけの場合，その
機関と連絡を取り連
携を継続する場合な
ど状況は多様であ
る。原則的には家族
の了解を得て，関連
機関が家族に必要な
支援とその役割分担
を行っていく。

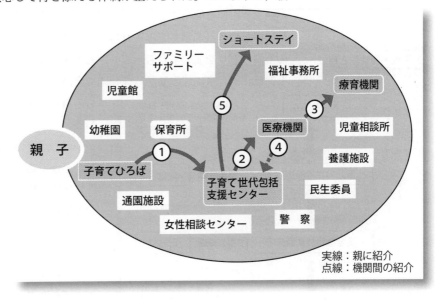

66

4 父親の子育てへの支援

親への支援は母親についても，父親についても共通の課題である。しかし，一般的に子どもと過ごす機会の少ない父親への支援は母親とは異なる面もある。次世代育成支援対策推進法によって，父親の育児休業取得率（厚生労働省）が 1.56％（2007 年度）から 5.14％（2017 年度）と増加しているように，父親が育児をする方向に社会は変化している。しかし，父親自身が育つ時には，育児は母親に任され父親と十分かかわってこなかった人が多いであろう。育児をする父親モデルがないまま，父親業を模索している世代である。育児に関する父親支援の社会的役割は今後さらに重要となるであろう。本節ではその援助について述べる。

❶ 子育ての鍵となる父親のあり方

子どもの誕生によって親は予想を遙かに超えて，今までの生活を変えなければならない。多くの時間と体力を育児に費やし，家事が不十分になり，大人中心の時間は極端に少なくなる。それらの生活の変化を受けとめ，夫婦で協力関係を作れる家庭では，母親が安心して子育てに向き合える。他方，父親が生活を変えない，母親だけが育児・家事を負う等で，母親が子育てを楽しめない，あるいは苛立ちが大きい場合がある。筆者の担当する相談では，パートナーが育児をすることをあきらめている母親や自分の育児の仕方を父親に押しつける等が多くみられる。自分たち夫婦のあり方を受容できず，その不満や怒りを弱い子どもへぶつける不適切な対応，時には虐待となることもある。同じ家に住みながら夫婦間で会話がなく，母子密着状態となり子どもの自立が妨げられる事態を生む場合もある。

子どもが育つには**父性性**と**母性性**の両方が必要である。図３－３のように，母性性は危険を回避して安心・安全な環境を提供し，子どもを安定した世界に留める。他方，父性性は行動を後押しする動きである。時には怖い思いを経験することもあるが，新しい行動をし自分の世界を広げられる。必ずしも父親が父性性，母親が母性性とは決まっていず，時に応じて，両者がとる役割は変化する。重要

図３－３
父性性・母性性と自立・依存の関係

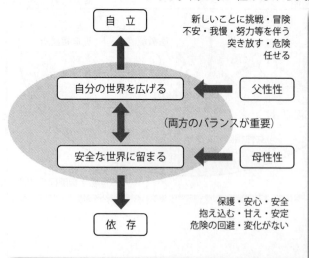

なのは，両者の役割のバランスである。夫婦であっても価値観は異なっており，判断も行動も違いがあって当然である。しかし，子どもが生まれると，パートナーに対して，自分と同じかかわり方を求めることがよくみられる。夫婦で同じかかわり方では，子どもの戸惑いは少ないが，多様なかかわり方を学ぶ事は難しい。また，同じように行動することが目標になると，夫婦間の不満やストレスが大きくなりがちである。

　このように，父親のあり方は子どもにも母親にも大きな影響を与えているのである。

❷　父親が子育てをする効果

　父親が育児に参画する効果は4点考えられる。図3−4で示すように，一つは，子どもの発達への影響である。父親の育児参画により，子どもの認知や情緒・社会的な面への効果が確認されている。問題解決能力やコミュニケーション能力が高まる。仲間と建設的な関係が作りやすいという。男児では，好奇心やストレスへの柔軟な対応をしやすい。父子関係が，特に思春期の自我形成にかかわることは，心理臨床の様々な事例によって証明されるところである。父親は子どもの成長に長期的に影響を与えるのである。2点目は，パートナーである母親の精神状態が安定し，結婚生活への満足感が高まることがわかっている。実際に育児をする時間の長短だけではなく，父親が家庭に関心を持ち，互いに尊重しあう夫婦関係であれば母親も安定して子どもと向き合える。また，父親を慕う子どもの姿をみると，母親は孤独感がなく安心して育児をすることができる。両親の協力関係を見ながら育つ子どもは，子どもとかかわる父親像や家庭のイメージを学ぶことは言うまでもない。

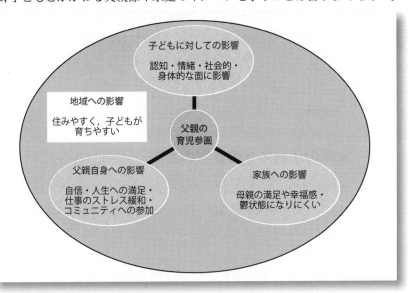

図3−4
父親の育児参画の効果

（T. Paquette「ファーザー・サポーティングフォーラム」資料を参考に作成）

そして，3点目は，父親自身の結婚生活や人生への満足感が高く，仕事のストレスを緩和しやすい傾向が指摘なされている。また，子どもの要求への注意力が増し，お互いに理解し合いながら生活を送れると考えられる。父親の姿は，男児にも女児にも男性モデルとなり，子ども達が男性像や自己像を形成する時に重要な役割を果たす。最後に，家族が生活する地域へ参加することにより，地域が耕される効果を生む。市民が参加して作る地域は，そのニーズが反映され，子どもの育ちを支えると同時にどの世代も住みやすいものになるだろう。

❸　父親への支援の視点

子育てに関して，父親は母親よりガードが堅い傾向がある。それだけに，保育士は，父親が支援の場への参加しやすさに十分な配慮が必要となる。例えば，子育て関係の支援者が女性というだけで，父親は話しかけづらさをもつ。あるいは，子育てひろばが，女性視点でのディスプレイになっていると，男性は入りにくさを感じるという。利用者からのこのような感想や意見を常にリサーチしながら，父親が安心して参加できることは何かを考えて提供していく。

前節で述べたように，父親への支援は，子ども，夫婦，父親自身の人としての成長への視点をもとう。また，特に乳児期からの父親としての自覚・役割意識の持ち方は，その後の育児や家族へのかかわり方に大きく影響すると考えられる。保育士は，父子関係形成の重要性を乳児期だけでなく長期的な見通しをもって捉えておきたい。

そして，父親が育児をすることを，夫婦のパートナーシップが培われるという家庭内だけでなく，家族が居住する地域の向上につなげる意識を持とう。特に隣近所が隣接しているにもかかわらず，地域の繋がりが弱くなっている現代では，「地域」を子育て家庭支援の視点に入れることが必要であろう。「大人も子どもも過ごしやすい地域づくり」という視点を持ちつつ保育士は父親への援助をしたい。

❹　父親の子育てへの支援の実際

父親への実際の支援は具体的にどのようにしたらよいのだろうか？　ここでは「ひろば」での事例をあげるが，保育所における父親援助の取り組みにも応用できる。父親がひろばに足を踏み入れやすいディスプレイをするところから支援は始まる。

男性は一般的に仕事上，目的を決めて行動する思考に慣れている。父親が

育児をする意味や価値など父親へ伝える知識
や情報の論理的な提示を心がける。図3−5
は父親向けの冊子である。子育てにおける父
親の役割と乳児との遊びなどについて取り上
げ，父親に情報を提供している。

　父親支援の企画は，体を動かす，物を作る
などの目的や活動があると参加しやすい。例
えば，子育てひろばでの父親プログラム「ぱ
ぱ³」（ぱぱ参上の意味。月１回実施）の内
容（表3−2）をみてみよう。乳児が対象で

図3−5
**「新米パパの子育てガイ
ドブック」**

（奈良県発行）父親が子育て
をする時の考え方や遊びの
ヒント集。インターネット
で「Let's enjoy パパにでき
ること，パパにしかできな
いこと」を入力すると奈良
県のHPにつながりダウン
ロード可能。

あれば，「パパと遊ぼう ─抱っこでシーソー」のような親子で体を動かす遊
びを体験的に学ぶ。歩き始めた子どもの場合は「シャボン玉を飛ばそう」「ふ
うせんで遊ぼう」「お餅つき」など親子で一緒に楽しめる内容を企画する。
作業が入ると父親たちは参加しやすい。原則的には子どもは預からない。父
子でかかわる時間にすると同時に遊びのスキルを学んでもらうものである。
しかし，自分の子とだけと固定的に考えず，時には他の親子や大人同士でペ
アを組むなどいろいろなことを柔軟に取り入れると参加者の心が和む。最初
から「親同士で話す」企画は，参加が敬遠されがちである。参加のきっかけ
は父子で遊ぶことであっても，父親同士が知り合いになれる場面も計画に含
めるとよい。

タイトル	内　　容
抱っこでシーソー	子どもと一緒に体で遊ぶ
ミニ凧を作ろう	葉書大の凧を作って揚げてみる
いざという時の救急法	人工呼吸などの救急法を学ぶ
大きいシャボン玉を飛ばそう	家庭ではつくれない直径30cmの大きなシャボン玉を作って遊ぶ
バルーンアートで動物を作ろう	細長いふうせんを使って，犬など身近な動物を作って子どもにプレゼント
飛行機を飛ばそう	紙飛行機を折って，飛ばしてみる
お父さんのディアボロ	珍しい中国駒をまわして遊ぶ
お餅つき	伝統的なお餅つき。地域のボランティアの助けを借りて実現
新聞紙で遊ぼう	身近な新聞紙を使って，兜や紙鉄砲を折って遊ぶ
パパを語ろう	保育つき。父親同士でじっくり話し合う。子どもが生まれて何が変わった？などお互いの情報交換や地域の育児仲間を作る

表3−2
ぱぱ³の内容

（子育てひろば：北区の
実践）

　父親にも育児仲間が必要なのは母親同様であり，父親もそのニーズをもつ。
他の父親は子どもと何をして遊び，どのように子どもを叱っているのかなど
に関心を持っているからだ。しかし，概して父親からは話す場を積極的に求
めようとしないのが現状である。したがって，お互いに知り合うための機会

70

写3-7 パパも過ごしやすいように（ころころの森：東村山）

写3-8 0歳児のパパ・ママ講座（ころころの森：東村山）右奥の椅子の女性は，プレママ

作りは，支援者の力量に頼るところである。その話し合いで自分が批判されないとわかれば，最初から「話し合い」という企画でも父親の参加が促されるであろう。子育てや家事や母親との協力の仕方などの情報交換ができれば，互いに地域に住む者同士の助け合いが生じることも期待できる。写3-8は，0歳の乳児と両親を対象とした子育てひろばでのパパ・ママ講座である。前半1時間は0歳の子との遊び方のコツを実習つきで学ぶ。後半はパパ同士，ママ同士の話し合いをする。父親は育児の疑問だけでなく，家事や妻とのかかわり方など子育てを始めてからの戸惑いを共有し知恵を出し合う。スタートはぎこちなくても徐々に話が盛り上がり，仕事のしかたの工夫なども話題になる。その後も子育てひろばで父親同士の繋がりを作る家族も出てくる。

どのような父親を対象とするかによって，内容や配慮点が異なってくる。子育てに積極的で前向きな父親が対象なら，子どもの発達の学習や父親の関心に沿って具体的で参加しやすい活動を行えばよいだろう。参加して新しい知識や子どもとの接し方などを学び，来てよかったと感じられる企画や環境設定を行う。話し合いや知り合った他の父親の意見を聞いて子育て観が変化することもある。

育児に消極的あるいは母親任せの考えの父親は，まずは参加につなげることが目的である。子どもと過ごすことや父親向けの企画に参加することに消極的なので，参加しただけでも意味がある。父親が楽しいと感じれば，次の参加につながる。子どもの笑顔が見られ父親が無理なく参加できる企画を考える。

写3-9 段ボールの滑り台：パパのボランティア（ころころの森：東村山）

比較的参加しやすいのが，ボランティアである。自分の子育てを話題にするのは苦手だが，子育てに関連するボランティアなら安心して参加できる。父親の横の繋がりをつくるボランティア活動を紹介しよう。父親同士が協力して大型遊具を制作した例である。0歳・1歳児が滑れるサイズの段ボールの滑り台を父親同士が協力して制作した（写3-9）。わが子が利用する子育てひろばへの恩返しとして，ひろばで使う遊具作成に父親達が力を合わせた。その過程で父親同士が知り合い情報交換も生まれる。同世代の父親の多様な育児参画のあり方にふれ，自身や家族のあり方をふりかえる機会となる。ボランティアをして，父親は達成感があり家

族から認められる，安全な遊具で子ども達が遊べる等々，沢山のよいことが生まれている。

　父親向けの講座などの情報を父親に届けるのは，母親向けの講座ほど容易ではない。公報紙の利用は不可欠であるが，父親が出入りする場所などにチラシを置く，例えば，地域の理髪店に置かせてもらうなどを考える。母親を通して父親に渡してもらう方法もある。この場合は乳幼児の母親が出入りする子育て世代包括支援センターや子育てひろば，保育所，児童館などを利用するとよい。

　母親は概して自分と同じ育児のやり方を父親に求めがちである。母親の基準で父親のやり方を批判してしまう。④−❷で述べたように，母親と異なる父親のかかわり方は子どもの世界を広げその成長には欠かせない。むしろ父親のかかわり方を肯定的に意味づけすることが必要であるし，その人らしさや個々の違いを認め合うことになる。保育士が女性の場合は母親と同様のことがおきやすいので，一律の育児を求めないように心がける。義務感だけで行う父親役割は，母親がつらくなるのと同様父親にとっても苦しいものである。子どもと過ごし喜びを感じる体験によって父親としての自覚がもてる。したがって，喜びを感じ積極的に子育てにかかわる意欲を持てる支援を提供する。

　　　　　　　　　　　　　　　　　　　　　　　　　　　（永田陽子）

5 　要保護児童家庭への支援

❶　要保護児童家庭とは

❶　課題を抱える家庭の状況

　一般的に子どもは，家庭において保護者等の庇護のもとで成長発達していく。しかし，様々な理由により親元で暮らせない子どもたちもいる。1952年以降厚生労働省が行っている児童養護施設入所児童の実態調査から家庭での課題の移り変わりをみてみたい。「養護児童等実態調査の結果の概要」の中の児童養護施設における「養護問題発生理由別児童数」の推移をみると，「親の死亡」は1962年では21.5％であったが，1970年では13.1％，1977年は9.9％と徐々に減少していく一方，「親の行方不明」「親の放任・怠惰」「親の虐待・酷使」は増加していき「親のいない子ども」から「親のいる子ども」へと児童養護問題は変化していった。児童虐待相談は増え続けやがて社会問題として注目されるようになり，1973（昭和48）年に厚生省（現在厚

生労働省）は「児童の虐待，遺棄 (いき)，殺害事件に関する調査」を行っている。1983（昭和58）年には「児童虐待調査研究会による調査」等の調査が行われ，児童虐待の実態が明らかにされるようになっていった。その結果，1990（平成2）年から児童相談所は虐待の相談件数を報告するようになった。

　児童相談所における2020年度の養護相談の処理件数の内訳をみると，7割以上が家庭環境での虐待に関する相談である。2020（令和2）年度の全国児童相談所における児童虐待相談対応件数は，20万5,044件（前年度比1万1264件増）と公表された。統計を取り始めた1990（平成2）年度から32年連続で増加している。虐待の内容別では，心理的虐待が最も多く，次いで，身体的虐待，ネグレクト（養育の放棄・怠慢），性的虐待の順である（表3−3）。心理的虐待の中には,子どもの前で父親が母親に対して（その逆の場合もある）暴力を振るう「**面前DV（ドメスティックバイオレンス）**」や暴言を浴びせるなどの行為が心理的虐待と位置付けられたことにより，警察からの通告が増加した心理的虐待が近年もっとも多い虐待種別となった。

表3−3
児童相談所での虐待相談の内容別件数

（厚生労働省「児童虐待相談対応件数」2020年度）

区　分	総　数	身体的虐待	ネグレクト	性的虐待	心理的虐待
件　数	205,044	50,035	31,430	2,245	121,334
割合（%）	100.0	24.4	15.3	1.1	59.2

（件）

❷　要保護児童家庭の危機対応能力の位置づけ

　養護相談を受けたうちの，約84%は面接指導などで親子が分離することなく終了し，必要な場合は何らかの支援を得て親子で生活を継続することになる。しかし，2.6%の子どもは，実親家庭から児童福祉施設や里親に委託され生活の場を移さざるを得なくなる（表3−4）。児童福祉法では「保護者のない児童又は保護者に監護させることが不適当であると認められる児童」（児童福祉法第6条の3第8項）を要保護児童と定義している。要保護児童は，2018（平成30）年現在，約44,200人を数える。（令和2年総務省行政評価局「要保護児童の社会的養護に関する実態調査」）

表3−4
児童相談所における養護相談の対応種類別件数

（厚生労働省「福祉行政報告例」2020年度）

区　分	総　数	児童福祉施設入所	里親委託	面接指導
2020年度	280,985	5,998	1,648	237,118
割合（%）	100.0	2.1	0.6	84.4

（件）

　第2章（p.25）で社会全体の家族を危機対応能力のレベルで，グリーンゾーン，イエローゾーン，レッドゾーンの3つに分類して子ども家庭支援の内容と対象を示した。要保護児童家庭は，3つの中で危機対応能力が最も低いレッドゾーンに位置する。レッドゾーンは，日常的に虐待が行われてい

る可能性のある保護が必要な層であり，多様な問題対処型の援助が用意され
なければならない。

　以下で，レッドゾーンにいる要保護児童家庭を，**施設養護**を受けている子
どものいる要保護児童家庭と**里親委託**された子どものいる要保護児童家庭に
分けて支援を考えてみたい。

２　要保護児童家庭への支援

❶　要保護児童家庭への支援（児童福祉施設）

　施設での子どもの生活全般は，保育士や児童指導員など直接処遇職員のか
かわりや支援の中で過ごす。保育士は子どもと家族をつなぐ架け橋の役目も
担っている。施設で生活する子どもの多くは，守ってくれるはずの保護者か
らの暴力や暴言，ネグレクトなど理不尽な対応を受け，恐怖と不安の中で生
きてきた子どもも少なくない。虐待的な環境で生きてきた子どもたちは「こ
の世は危険，生きるに値しない（恐怖）」「人は信頼できない，困っても助け
てくれない（不信）」という否定的な世界観を持ち，「自分は愛される価値が
ない悪い子，不要な存在」と自分自身を否定的にとらえていることが多い（親
子関係再構築支援ワーキンググループ，2014）。施設で生活する子どもの多
くは，家族との繋がりや家庭復帰を切実に求めている。乳児院と児童養護施
設の運営指針では，家族への支援として，① 家族とのつながり，② 家族に
対する支援が掲げられている。この2つの視点から，要保護児童家庭への
施設保育士の対応を考えたい。

❶　施設で生活する子どもと家族との繋がり

　施設で生活する子どもと家族は，入所中はどのような繋がりがあるのかを
見てみたい。施設で生活をする子どもたちと家族との交流関係については，
児童福祉施設入所児童等調査結果（厚生労働省，2017）によると，「交流
なし」の割合は，養護施設児で 20.5%，乳児院児で 21.5% であった。施設
入所児童の，「交流有」のうち，養護施設児は「帰省」ができる割合が高く
34.8%，それに対し乳児院では「面会」をする家族の割合が多く 55.3% となっ
ている（表3−5）。保護者が交流できるような具体的な取り組みとして運
動会などの学校行事やクリスマス会などの施設行事に保護者を招待し，共に
過ごす時間が持てるようにすることも重要な家族支援である。また，施設内
の**親子生活訓練室**の活用や，**家族療法の技法**の実施など，児童と保護者との
関係回復に向けた支援も行いたいものである。また「交流なし」の子どもた
ちには，積極的に週末里親などを利用して家庭生活を体験させることなども
必要である。

親子生活訓練室：
児童養護施設や乳児院において，保護者と子どもが家庭復帰後の健やかな親子関係を育む訓練を行うために施設内に設置してある部屋である。

家族療法の技法：
家族療法の技法は，援助モデルによって多岐にわたる。代表的なものとして，ジョイニング技法は，家族全員から話を聴いたり，犯人探しをせず中立な立場をとり，家族の長所や家族の取り組みを評価する。リフレーミング法は，家族関係の対立や葛藤を調整し，否定的とみられる関係を肯定的に価値変換されるものである。両技法とも円滑に行うためには十分なトレーニングが必要である。

表3－5
家族との交流関係別児童
数

（厚生労働省・こども家庭局
総務課「児童福祉施設入所
児童等調査結果」2017）

	総　数	交流あり			交流なし	不　詳
		一時帰宅	面　会	電話・メール・手紙		
養護施設児	22,516	7,834	5,865	2,217	4,618	1,982
乳児院児	3,023	425	1,672	102	651	173

（人）

　2012年の調査によれば家族との交流頻度は，「電話・手紙」だけでの交流の場合では，養護施設児，乳児院児ともに「年2回〜11回」が中でも高かった。「面会」での交流において「月1回以上」が多かったのは乳児院児で，半数以上の子どもは「月1回以上」面会していた。児童養護児では，「年2回〜11回」の面会での交流が7割弱であった。「帰省」「外泊」など直接的な交流を行っているのは，乳児院の方が多く，「電話・手紙」などの間接的な交流は，児童養護施設に多い傾向があった。家族に関心をもってもらい，児童と家族の繋がりを途切れないようにしなければならない。具体的な手立てとして，保護者に児童の様子を手紙で知らせたり，写真を送って成長した姿を見てもらい，親としての自覚を促すよう定期的に情報発信することは重要な家庭支援である。ただし，子どもの年齢が小さい場合，自分が施設にいる理由や親の事情など理解することはできず，あまり会うことができない親との面会や外泊の時に，泣いたり恐怖を抱いたりする場合があるので，担当保育士による保護者への説明と配慮が求められる。

❷　家族の再統合に向けての支援

　家族の再統合に向けての支援は，親子関係を再構築していく支援ともいえる。事例3－6は母からネグレクトされたきょうだいに対し家族の繋がりを継続させ再統合できるよう保育士が支援した事例である（筆者が相談員として担当）。

●　事例3－6

　母が家出を繰り返すことで，養育に困った父は児童相談所に6歳，5歳，2歳，1歳の4人の子どもを連れてやってきた。父は地方出身で中学卒業後上京し，昼間は建築の仕事をしながら夜間高校に通い，母と出会った。母は17歳で第1子を生んでから次々と出産し，近くにある実家に入り浸ることが多く，時には何か月も帰らないことがあった。しかし，祖母が病気になり子どもの面倒がみられなくなると，母は子どもを置いて家を出るようになった。

　父には子どもをみてもらえる親戚が近くにはおらず，仕事に行けなく

なり困っていた。上の2人の子どもは児童養護施設に，1歳と2歳の子どもは乳児院に入所となった。その後母はみつかったが，父母の関係修復は難しく離婚となった。父は，児童養護施設と乳児院に2週間に1回位交互に面会に行き，施設の行事にも参加するようにしていた。子どもたちも父に会うのを楽しみにしており，年齢の大きい子どもは，時々父の所に外泊もできるようになった。保育士の職員は，面会の時に「お父さん，よく頑張ってますね。」と子どもに対する父の思いを評価し，父の頑張りを側面から応援していた。乳児院にいる2人の子どもとは，施設の中にある親子交流室で宿泊することを保育士が提案して，共に過ごすようになっていった。施設と児童相談所が連携して，将来的に父親が引き取れるように配慮し支援していた。

❸　家族状況別の親子関係再構築の支援

親子関係再構築を「子どもと親がその相互の肯定的なつながりを主体的に回復すること」(親子関係再構築支援ワーキンググループ，2014)ともいうことができる。子どもが施設にいる時に保育士は保護者と良い関係性を作ることを心がける必要がある。保護者は，子どもを施設に入所させているという負い目や罪悪感を持っていることが少なくない。そのため保護者への対応には，慎重かつ配慮した準備の積み重ねが不可欠となる。保育士は，保護者の生育歴や施設に預けざるを得なかった事情を理解し受け止める努力が求められる。事例3－6では，保育士が父の思いを評価し応援していたように，意図的に保護者の今持っているポジティブな面に焦点をあて，親として自信をつけられるような保育士の前向きな関わりかたが大切になる。

親子関係再構築支援ワーキンググループ(2014)が提案する親子関係再構築のための支援を家族の状況によって分類したものが図3－6である。分離となった家族に対しては，① 親の養育行動と親子関係の改善を図り，子どもが家庭に復帰するための支援を行う。② 家庭復帰が困難な場合は，親子が一定の距離をとった交流を続けながらも納得してお互いを受け入れ認め合う親子の関係を構築するための支援を行う。③ 現実の親子の交流が望ましくない場合，あるいは親子の交流がない場合は，子どもが生い立ちや親との関係について心の整理をしつつ，永続的な養育を受けることができる場の提供をすることが必要である。今日，施設養護は家庭の代替機能としての役割から，家庭機能の補完をするとともに，家族の再生に向けての家庭支援へと転換が求められている。そのため，2000年度以降，児童の早期家庭復帰を支援するための相談，指導にあたる**家庭支援専門相談員(ファミリーソーシャルワーカー)**が配置され，子どもたちが保護者のもとで生活できるよう支援に力を入れるようになった。施設保育士は，家庭支援専門相談員と協働

家庭支援専門相談員(ファミリーソーシャルワーカー)：
乳児院，児童養護施設，情緒障害児短期治療施設および児童自立支援施設に配置され，児童相談所等との連携のもとに入所児童の早期家庭復帰等を図るため，施設入所以前から退所まで，さらには退所後のアフターケアに至る総合的な家族調整を担う児童およびその家族支援のための相談・援助等を行う職種である。

して保護者との親子関係の調整，回復支援を行うことが求められている。

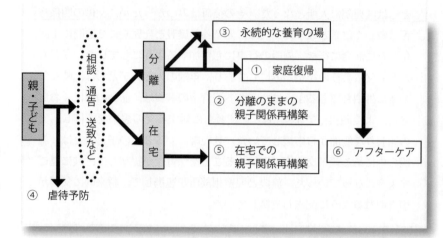

図3−6
親子関係再構築のための
支援の種類

（親子関係再構築支援ワーキンググループ（2014））

❹　施設退所後の支援

　子どもが施設を退所してからの家庭に対しても，① 虐待リスクを軽減し，虐待を予防するための支援，② 不適切な養育を改善し，親子関係を再構築し維持するための支援，③ 家庭復帰後等における虐待の再発を防止し良好な親子関係を維持するため，引き続き児童相談所，医療機関，療育機関，保健センター，心理療法機関などの関係機関が連携して継続的に援助していくことが必要である。家庭での虐待や DV などの問題がある程度改善したことにより子どもが引き取られても，実際には離れて暮らしてきた期間の溝を埋め，親子の関係を作っていくことは簡単なことではない。中学生や高校生になって家庭引取りになった子どもで，親と喧嘩をしては家を飛び出して施設にやってくる子どもがよくいる。施設では家庭に連絡を入れ，食事を一緒に食べながら子どもの話を聞き，時には泊まらせることもあるという。退所しても，「逃げ場」「居場所」として，子どもと保護者をつなぐ役割も施設は担っているといえる。そのためには，施設に入所中から家族との良好な関係を築いていなければ，退所後には関係が切れてしまいアフターケアにつなぐことができない。保護者には，いつでも相談に乗る体制があることを伝え，家庭の状況を確認しつつ見守っていくことも重要な家庭支援といえる。

❷　要保護児童家庭への支援（里親家庭と実親家庭）
❶　里親家庭への支援

　児童福祉法において里親とは要保護児童を養育することを希望する者であって，都道府県知事が適当と認めたものである（6条の4）。要保護児童の養育は主に養育里親と専門里親が行っている。**養育里親**は，要保護児童が家庭復帰できるまで，あるいはその児童が 18 歳（事情によっては 20 歳）

になるまで家庭に引き取り，養育する里親である。**専門里親**は，虐待を受けた子どもや障害，非行傾向にある子どもに対し，個別的で親密な人間関係を保障し，専門的知識技能を用いてきめ細やかな養育を提供する里親である。

　2016（平成 28）年の児童福祉法改正の理念を具体化するため，「新しい社会的養育ビジョン」が示され，特に就学前の子どもは，家庭養育を実現するため，原則として施設への新規措置入所を停止することとした。愛着形成に最も重要な時期である 3 歳未満の子どもについては概ね 5 年以内に，それ以外の就学前の子どもについては概ね 7 年以内に里親委託率 75％以上を実現する（平成 27 年度末の里親委託率（全年齢）17.5％）という数値目標が発表され，社会的養護のあり方が大きく家庭養護に転換されることとなった。

　施設養護から**家庭養護**への転換は児童の最善の利益の視点からは大きな前進といえるが，現実には里親委託や養子縁組による血縁によらない子どもの養育には特有の困難や課題が指摘されている。里親に委託される子どもは，家庭に来るまでに様々な心の傷を負っているが故に激しい「試し行動」を示すことがある。要保護児童であった子どもを家庭に迎え養育する里親は，潔く志が高く良い子に育てなければという気持ちを持って養育にあたっている人が多い。社会的養護の担い手として，養育に悩んだときに一人で抱え込むのではなく，子育ての悩みを相談しながら，社会的につながりをもち，孤立しない，孤立させないことが大切である。児童相談所の里親担当職員，**里親委託等推進員**，施設の**里親支援専門相談員**が分担して定期的に家庭訪問をすることで養育状況を共有し，里親と顔なじみになって寄り添った支援をしていくことが求められる。また，里親会や里親サロンなどを通して里親同士の横の繋がりをつくることで孤立を予防し，困った時には気軽に相談したり助け合える関係を結べるようにしておくことも重要な支援となる。

❷　里親委託中の実親支援

　将来は家庭引き取りが見込めるが，当面保護者による養育が望めない子どもは家庭環境の中で，健全な心身の成長を促すことが必要であることから積極的に養育里親への委託が検討されている。家庭復帰に向け，保護者と子どもの関係調整のために，引き取り後の家庭生活を想定し，生活する上で必要なことを身につけられるよう配慮することも大事である。そのために児童相談所は，里親家庭に受託されている期間に，可能な限り子どもが実親と直接的な交流だけでなく，手紙や電話など間接的にでも継続的に交流が行えるよう調整して関係づくりをすることも大切な家庭支援である。

　乳児院や児童養護施設など施設入所している子どもへの家庭支援とともに，要保護児童を養育する里親家庭には社会的養護の担い手という視点から

里親委託等推進員：
里親委託等推進員は，児童相談所に配置され里親委託の際の調整や，里親支援のための家庭訪問，里親の相互交流等を行う事業を実施し，地域の里親委託や里親支援の推進をする職員である。

里親支援専門相談員：
里親支援専門相談員は，児童養護施設と乳児院に配置される職員で児童相談所の里親担当職員などと連携して，所属施設の入所児童の里親委託を推進する職員である。里親の新規開拓や，里親向けの研修，アフターケアとしての相談対応なども行う。

の支援が求められている。要保護児童家庭への支援は，家族再統合に向けて親子関係の再構築を積み重ねていき，共に生きていくことができる関係を築くことである。そして，何か困ったことが起きた時には施設職員や里親が側面から児童と家族を支えていくことができるような関係性を作っておくことも不可欠である。児童は家庭に軸足を置きながらも多くの支えをよりどころとして成長していけるよう重層的な支援を行えるようにすることが社会の責務である。

（森　和子）

● やってみよう

- ● 親になったつもりで
❶ 乳児を連れて外出する時の持ち物を考えてみよう。
❷ 乳児を連れて初めて子育てひろばに入る時の親の気持ちを話し合ってみよう。
❸ 訪ねた子育てひろばに誰も知り合いがいなかった時、スタッフにどのようにして欲しいかを話し合ってみよう。

- ● 子育てひろばスタッフのつもりで
❹ 子どものことを見ず、疲れている様子の親にどのようにかかわったらよいか話し合ってみよう。

❺ 里親制度にはどのような種類の里親があり，それぞれの里親が担う役割を調べてみよう。

● 参考文献・図書 ●
① T.Paquette　「ファーザー・サポーティングフォーラム」2008年2月14日
②奈良県『新米パパの子育てガイドブック』「Let' Enjoy パパにできること　パパにしかできないこと」2007
③信田さよ子『父親再生』NTT出版　2010
④福川須美（研究代表者）「非営利・協同組合ネットワークの子育て支援のあり方に関する国際比較－カナダと日本をみる－」平成15～16年度科学研究費助成基盤研究C(1)　課題番号15601010　研究成果報告書　2005
⑤マルタ.S., 子ども家庭リソースセンター訳『シングル　シンフォニー』小学館スクウェア2000
⑥脇田能宏他『「育休父さん」の成長日誌－育児休業を取った6人の男たち』朝日新聞社　2000
⑦厚生労働省親子関係再構築支援ワーキンググループ「社会的養護関係施設における親子関係再構築支援事例集」2013
⑧厚生労働省親子関係再構築ワーキンググループ「社会的養護関係施設における親子関係再構築支援ガイドライン」2014

第4章
子育て家庭に対する支援の体制

1 子育て家庭支援の政策動向

1 子育てを支援する国の責任

　それぞれの時代，それぞれの社会に，子どもを育てる文化や社会的しくみが存在する。それぞれの国は次世代の国民を育てるための社会的な制度やしくみを政策として展開してきた。それらは，子どもを産み育てる国民個々人の思いや意図とは別に，その時々の**国家の政策**として，人口抑制策であったり，人口増加策であったりする。また，どのような国民を必要とするかという，労働力政策，人材育成政策，教育制度なども国民個々人の子育てに影響を与える。

　日本では，第二次世界大戦中，戦争遂行の国家政策の下で，兵隊にするために，女性に「産めよ，増やせよ」と強制し，身体的理由等で産めない人まで，非国民扱いした歴史がある。このような人権無視は今や絶対に許されない。戦後は，その苦い反省の上に立って，子どもを産み育てるのは個人の人権であり，自由であると確認することになった。その認識を導いたのは，**世界人権宣言**である。戦争という国家の名のもとに個人の人権が踏みにじられる悲劇を繰り返さないために起草され，基本的人権が世界共通の理念となっ

国家の政策：
近年では中国で1979年に施行された「一人っ子政策」がある。急激な人口増加を緩和するため，一組の夫婦につき子どもを一人に制限し，二人目からは罰金を科した。人口は抑制されたものの，社会全体の高齢化や労働人口の減少などが深刻化し，2015年に廃止。

世界人権宣言：
世界人権宣言は，1948年12月10日の第3回国際連合総会で採択された，すべての人民とすべての国が達成すべき基本的人権についての宣言である。

た。国家はあくまでも子どもを産み育てることは個人の権利であり，自由であるという認識に立って，国民が安心して次代の社会を担う子どもを産み育てることができるように支援する責任を負うことになった（1947年制定時の**児童福祉法**第1条，第2条，および**2016年改正児童福祉法**第1条，第2条）。

また，1989年に国連総会が採択し，1994年には日本も批准した「**子どもの権利条約**」には，父母は子どもの養育に共同の責任を有し，その責任は第一義的であること，国は父母がその責任を果たせるよう，必要な援助を提供する義務と責任があること，父母が働いている場合には，子どもは保育を受ける権利を有することが明記されている。（**子どもの権利条約第18条**）

2016年に改正された児童福祉法第1条，第2条においても，子どもの権利条約に則（のっと）り，保護者の子育て責任とともに国の保護者支援の責任を改めて明確に定めている。

現代では子どもが個々の家族にとって，労働力や跡継ぎとしてぜひとも必要な存在ではなく，自由に選択できる情緒的な存在になった。だからと言って子どもの存在意義が軽くなったわけではない。「個人化」が進んだ近代社会では，夫婦，親子など家族の関係は，その他の人間関係に比べて「長期にわたる信頼関係」の絆を築けるものとして重視されることになった。現代日本においても独身者の90％以上が結婚したいと思っている。

しかし，現在の日本では子どもが一人前になるまでには，親は経済的，肉体的，精神的負担や責任を背負うことには変わりなく，子どもを産み育てることを選択するには，子どもを育てる楽しみと同時にその負担を引き受ける覚悟が必要となる。個々の家庭にとって子育てしない人生を選択することも可能な現代では，子育ての負担が重過ぎれば親役割を引き受ける人が減少する可能性が高まる。さらに，生まれてからも育児放棄や虐待に走る可能性もある。

❷ 日本の少子高齢化

日本の現状は**少子化**傾向が続く「超少子化」国であり，今後日本は急速な人口減少と高齢化が同時に進むと推計されている。人口の3分の1を超えていた子ども（0〜14歳人口）の割合は，1950年以降出生児数の減少で低下を続け，いまや11.9％（2021年）と世界最低水準にまで落ち込んでいる。

世界を見ると**少子高齢化**は日本だけの経験ではない。ただ日本の場合，高齢化はヨーロッパ諸国等より遅れたが，その後急速に進み，少子化は遅れつつ，かつ緩やかに進行した。国は急速に進む高齢化対策を優先し，子育て支援策は合計特殊出生率が1.57（1989年）に落ち込んだショックを契機としてようやく始まった。すなわち，文部，厚生，労働，建設の4大臣合意によっ

児童福祉法…→児童福祉法改正：
2016年6月，児童福祉法が一部改正された。子どもの権利が児童福祉法に明確に規定され，施設における社会的養護に加え，家庭的環境での養育を支援する方向，虐待対応の強化として児童相談所や市区町村の役割等が盛り込まれた。

少子化：
第1章／②家族・家庭の動向／④少子化（p.16）参照

て 1994 年に策定された「エンゼルプラン」からである。その後，25 年にわたって，政府はいくつもの対策を重ねてきたが，少子化は止まらず，保育所待機児問題一つさえ解決できていない。

しかし 9 割近い若者が「結婚したい」と望み，希望の子ども数は男女とも 2 人以上である。少子化を招いている社会的な要因を排除すれば，結婚して家庭を持ち，子どもを産み育てる人々が増加する可能性は充分あるといってよい。

写4－1　結婚し子どもを望む若者は多い。子どもの養育を保障し安心して子どもを産み育てる国の施策が求められている。

さらに OECD の報告書（2005 年）は，子育て費用，女性の雇用，公的な保育，休暇制度などで，日本が加盟国の上位国レベル（たとえば休暇期間では，ドイツ，フランス，スペイン，フィンランド）並みの条件整備をすれば出生率は 1.29 から 2.0 まで増加可能としている。

国家は今こそ人々が安心して子どもを産み育てられるよう環境条件を整え，子育て家庭を支援する役割をしっかりと担うことが求められている。次節では少子化対策として開始された我が国の子育て家庭支援施策がどのように展開したか，概略を振り返ってみよう。20 数年にわたって，あれこれ多くの施策を重ねながら，少子化対策としての効果は今一である。ただ子ども家庭支援は少子化対策のためにだけ必要なわけではない。②に記述する子育て家庭を対象とする制度や施策を知り，十分に活用したいものである。

❸　子育て環境の変貌と家庭養育支援の必要性

戦後しばらく日本は社会的経済的混乱が続き，国民は窮乏状態にあった。子どもたちも例外ではなく，街頭にあふれる戦争孤児は深刻な社会問題であった。政府は緊急に児童保護対策を検討した結果，要保護児童に限定せず，次世代を担う全児童対象の健全育成，福祉の積極的な増進をはかるという児童福祉法が制定された。

しかし，実際の児童福祉行政は要保護児童対策が中心であり，養育者のいない児童の社会的養護，増加する共働き家庭の「保育に欠ける乳幼児」の保育対策等，子どもや家庭に問題が生じてから対応する児童福祉であった。その反面，両親揃った家庭で子どもを育てる場合にはことさら社会制度的な支援が必要とは考えられなかった。子育てはあくまでも個々の家庭の責任に委ねられたのである。

戦後長い間家庭養育の困難な，要保護児童に主眼をおいた制度は，第 1 章，で学んだように，時代とともに変化した社会環境の下で，子育て家庭全体を視野に入れた制度への変革を迫られることになった。

結婚したい・理想の子ども数：
国立社会保障・人口問題研究所「第 15 回出生動向基本調査」（2015）ただ，両方とも減少傾向にあり，完結出生児数は 1.94 人と 2 人以下になっている。

OECD の報告書：
「世界の社会政策の動向－能動的な社会政策による機会の拡大に向けて－」OECD 編著　井原辰雄訳　明石書店 2005

戦争孤児：
「浮浪児」「駅の子」などと呼ばれ，およそ 12 万人以上が路上生活など過酷な状況に放置された。正確な記録もなく，詳しい実態は分かっていないが，生存者の証言などから苦難の人生が明らかにされつつある。（NHK スペシャル「"駅の子"の闘い～語り始めた戦争孤児～」2018．8.12 放映）

1992（平成 4）年，厚生省は「子どもの未来 21 プラン研究会」を発足し，今後の基本方針を検討した結果，翌年の報告書には「従来，児童の養育は専ら家庭の責任であり，国及び公共団体は，家庭の養育機能が欠けた場合にはじめて事後的に責任を負う形で対応されてきた。しかし，子どもが将来の社会を担う存在であることを考えると，子育てに関しては，保護者（家庭）を中心としつつも，家庭のみに任せることなく，国や地方自治体をはじめとする社会全体で責任を持って支援していくこと，言い換えれば家庭と社会のパートナーシップのもとに子育てを行っていくという視点が重要である」と明言している。

ただ，2016 年に改正された児童福祉法総則では，改正前は国・自治体の責任を明記していた第 2 条に，第 1 項として国民（社会）の努力義務，第 2 項に保護者の第一義的責任を加え，国と自治体の責任を第 3 項に退けている。

4　少子化対策の展開

1　エンゼルプラン

1980 年代後半には国は子育てに専念する母親の育児不安や育児ノイローゼなどの社会問題への対策と同時に，折から進行する少子化対策をも迫られることになった。

1989 年の 1.57 ショック以来，少子化をめぐる議論が巻き起こったが，財界など大方は少子化のマイナス面，つまり将来の労働力不足や社会保障の担い手不足などに対する不安を表明した。少子化の原因や背景についての世論調査の結果によれば，一般の人々の多くは，少子化は個人ではなく社会に原因があると考えていることが示されている。

世論調査：
朝日新聞社の世論調査（2004）によれば，少子化の進行を「社会の問題」と捉える人は 58% で「個人の問題」33% を上回っている。

少子化であろうとなかろうと子育て家庭を支援する必要性は高まっていたが，日本では，政府が少子化を社会的な問題として認識したことをきっかけに，少子化を食い止めるという目的を持った子育て家庭支援施策が始まった。

1994 年 12 月，仕事と子育ての両立支援など，子どもを産み育てやすい環境づくりに向けての対策「今後の子育て支援のための施策の基本的方向について」（エンゼルプラン）（文部，厚生，労働，建設の 4 大臣合意）が策定され，政府が今後 10 年間に取り組むべき基本的方向と重点施策を定めた。エンゼルプランは少子化対策ではあるが，文言には出生促進策というよりはあくまでも「子育て支援」が前面に出されていた。少子化の原因としてトップに「女性の職場進出と仕事の両立の難しさ」をあげており，実際に保育サービスの拡充に重点が置かれた。家庭養育の支援としては保育所に子育て支援機能を付加し，子育て相談事業を中心とする地域子育て支援センターの設置

や一時保育などの施策が登場した。保育所入所待機児は増加を続け，2001年には「待機児ゼロ作戦」が打ち出され，保育対策が一層強化されたが，現在もなお高まる保育ニーズに追いついていない。

❷　新エンゼルプラン

エンゼルプラン実施後も少子化の流れは変化せず，相変わらず合計特殊出生率は下がり続け，政府は思い切った対策を迫られることになった。1999年，少子化対策推進閣僚会議では「少子化対策推進基本方針」を決定した。そして大蔵，文部，厚生，労働，建設，自治の6大臣合意の「重点的に推進すべき少子化対策の具体的実施計画について」（新エンゼルプラン）が策定された。新エンゼルプランでは，少子化対策という言葉が使われるようになった。これまでの保育対策重点の仕事と家庭の両立支援策から雇用，母子保健・相談，教育等の事業も加わり，幅広い内容となった。

❸　次世代育成支援対策推進法

2002年，少子化の新たな要因として夫婦の間に生まれる子どもの数にも減少傾向があると指摘され，再び少子化対策の見直しが始まる。2003年には超党派の議員立法による「少子社会対策基本法」が成立した。この頃から「少子化に歯止めをかける」ことが政策の目標として明確になり，少子化担当大臣の任命や，内閣府による「少子化社会白書」が毎年刊行されるようになった。厚生労働省は「少子化対策プラスワン」をまとめ，「働き方の見直し」「地域における子育て支援」など企業や教育の分野を含めて社会全体で取り組む方向を提言した。

少子化対策プラスワンを踏まえて，政府は2003年，新たに法律を制定した。「**次世代育成支援対策推進法**」という10年間の時限立法である。この法律は，低下した家庭や地域の子育て力を高め，次世代を担う子どもを育てる家庭を社会全体で支援し，社会のすべての人々が次世代を担う子どもの育つ環境を整備しようというものである。

同法では，すべての自治体および301人以上の従業員のいる企業には次世代育成支援のための行動計画（10か年計画）を提出することが義務付けられた。（300人以下の企業には努力義務）。全国の自治体や企業を対象として法的義務を課するものであり，次世代の子どもが心身ともに健やかに育つ環境整備という形で出生率を上向かせたいという法律が制定されたといえよう。この法律は2014年の法改正により有効期限が10年間延長された。

待機児ゼロ作戦：
2001年，政府の男女共同参画会議は「仕事と子育ての両立支援策」において「待機児ゼロ作戦」を打ち出し，民間を極力活用し，最少コストで最大の受け入れの実現を図るとした。

❹ 深刻な少子化の進行と少子化対策の強化

エンゼルプラン以降10年にわたる少子化対策の実施にもかかわらず，少子化に歯止めを掛けることはできなかった。2005年には合計特殊出生率は1.26と過去最低を記録した。同年の「少子化白書は」その背景として，① 男性の長時間労働と女性に偏重する子育て負担，育児休業制度等の活用不足，② 保育所待機児童問題の未解決，地域の子育て支援の不十分さと孤立した子育て状況，③ 無職や雇用の不安定な若者の増加が社会的自立や家庭を築くことを困難にしている状況，を挙げた。人口の将来推計結果からは，このまま少子高齢化が進行すれば，将来の日本社会が直面するであろう危機が現実味を帯びてきている。

政府は少子化対策の抜本的な拡充を図るため，2006年「新しい少子化対策について」を発表し，翌年少子化問題に取り組む「子どもと家族を応援する日本」重点戦略検討会議を設置した。

❺ 政権交代と子ども・子育て支援3法の成立

その後，2009年9月，政権が民主党に移った。民主党政府は子どもと子育てを応援する社会の実現に向けて2010年から2014年までの施策内容と数値目標を定めた少子化社会対策大綱「子ども・子育てビジョン」を策定した。（2010（平22）年1月29日閣議決定）その視点は，① 子どもが主人公（チルドレンファースト），②「少子化対策」から「子ども・子育て支援」へ，③ 生活と仕事と子育ての調和の3項目であった。これらの施策を効果的に推進する具体的な実施計画として，新エンゼルプランに続く新新エンゼルプランすなわち「子ども・子育て応援プラン」が策定された。

他方，この閣議決定に沿って，子ども・子育て新システム検討会議の下で検討が重ねられ，社会保障・税一体改革関連法案として**子ども・子育て支援法等の3法案**が2012年8月国会に提出された。法案は審議過程で大幅に修正され，消費税増税法案とセットで，3党（自民，民主，公明）の合意という形で成立した。これを具体化した子ども・子育て支援新制度は「すべての子どもに良質な生育環境を保障し，子ども・子育て家庭を社会全体で支援するため，幼保一体化を含め，子ども・子育て支援関連の制度・財源を一元化して新しい仕組みを構築する」と宣言している。新制度の概要は図4－2（p.91）に示した通りである。国及び地方自治体は驚くほど短期間に多岐にわたる準備を重ね，2015年度には完全実施に踏み切った。

2012年末の総選挙で自民党政権が復活した。政府は，2000年頃から戦後の社会福祉の枠組を大きく変える社会福祉基礎構造改革を進めてきたが，新たな施策を実施するには安定的な財源が不可欠である。社会保障・税一体

子ども・子育て支援法等の3法案：
最初の法案には，児童福祉法第24条第1項の市町村による保育実施義務の削除や，民主党政権の提起した幼保「一体化」，つまり保育所をすべて「総合子ども園」という新しい施設にするという案が含まれていたが，関係団体の納得は得られていなかった。3党の協議の結果，かなり大幅な法案修正が行われ，24条第1項は復活し，総合子ども園は全く新しい認定子ども園に置き換えられた。

改革においては社会保障の財源として消費税を引き上げ，高齢者福祉のみならず子育て支援を含む経費にも約0.7兆円を充当することになった。しかし，その後の経済情勢の悪化により，政府は消費税10％への引き上げを先延ばしせざるを得なくなった。

5　待機児問題と新たな少子化対策

　依然として都市部を中心に保育所入所待機児問題は深刻な状態であり，2013年，政府は「待機児童解消加速化プラン」を策定し，2017年度までに40万人の受け皿を確保することになった。一定の成果はあったが，待機児は再び上昇し，先述のように，そもそも国の待機児定義が実情に合っていないことが指摘された。少子化にもかかわらず都市部で上昇を続ける保育ニーズに対して，もはや小手先の保育施設の増設という方法だけでは対応しきれない状況と言えるだろう。

　待機児対策と同時に，2013年これまでの少子化対策を見直し，「子育て支援」，「働き方改革」を一層強化するとともに，「結婚，妊娠，出産支援」を新たな柱として，「結婚，妊娠，出産，育児」の切れ目ない支援を総合的に進めるために，少子化危機突破のための緊急対策が決定された。

　さらに翌年には，① 東京一極集中を是正，② 若い世代の就労，結婚，子育ての希望の実現，③ 地域の特性に即した地域課題の解決を目指した地方創生の取り組みが始まった。

　2015年には，新たな少子化社会対策大綱が閣議決定され，その具体化をはかる努力が始まった。また，子ども・子育て支援新制度の施行に合わせて，内閣府には「子ども・子育て本部」が設置された。

　本部では子ども・子育て会議を開催し，有識者，地方公共団体，事業主代表・労働者代表，子育て当事者，子育て支援当事者等（子ども・子育て支援に関する事業に従事する者）が，子育て支援の政策プロセスなどに参画・関与することができる仕組みとした。2013（平成25）年度から毎年6〜7回のペースで，すでに43回を数える。

　2016年には日本一億総活躍プラン（希望出生率1.8，介護離職0）が閣議決定された。同年，女性活躍推進法も制定されている。少子高齢化の進行に危機感を強めた政府は，あらゆる場で誰もが活躍できる全員参加型社会を目指すとして，いよいよ明確になってきた労働力不足に本格的に取り組まざるを得なくなった。同プランには，働き方改革，子育ての環境整備，介護の環境整備，すべての子どもが希望する教育を受けられる環境の整備，「希望出生率1.8」に向けたその他の取り組み，「介護離職ゼロ」に向けたその

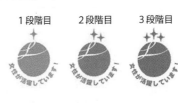

子ども・子育て会議：
内閣府の子ども・子育て本部は，有識者，地方公共団体，事業主代表・労働者代表，子育て当事者，子育て支援当事者等（子ども・子育て支援に関する事業に従事する者）が，子育て支援の政策プロセスなどに参画・関与することができる仕組みとして，子ども・子育て会議を設置した。また地方版子ども・子育て会議もほぼ全国の自治体に設置されている。

女性活躍推進法：
2016年4月施行。国・地方公共団体，301人以上の大企業は，(1)自社の女性の活躍に関する状況把握・課題分析，(2)その課題を解決するのにふさわしい数値目標と取組を盛り込んだ行動計画の策定・届出・周知・公表，(3)自社の女性の活躍に関する情報の公表を行う。（300人以下の中小企業は努力義務）。2019年に改正され，事業主行動計画を常用労働者100人以上に拡大，ハラスメント対策強化などが盛り込まれた。また女性社員の活躍を推進するための取り組みを評価する「えるぼし」認定制度に加え，最高水準の優良企業認定制度「プラチナえるぼし」を創設した。えるぼし認定マーク（3段階）

他の取り組みなどが列挙されている。これらが絵に描いたモチではなく，実際に実現すれば将来に希望が持てるが，たとえば働き方改革一つをとっても，過労死ラインぎりぎりの残業時間を認めるなど，どこまで改革が進むか危ぶまれる。

またパート労働や非正規労働に沈む多数の女性に，正規職の安定した仕事と収入を保障することを約束してくれてはいない。現在活躍している女性のための施策が主流である。

2017年には子育て安心プランが策定され，遅くとも2020年度末までに全国の待機児を解消する，女性の就業率を2022年までに80％に高め，M字カーブを解消する等の目標が掲げられている。保育の拡充の内容は，幼稚園の2歳児の受け入れ拡大，小規模保育の普及や企業主導型保育の推進など，親たちが望む認可保育所の拡充ではない。本格的に取り組むと高らかに宣言している割には，従来の施策を抜本的に改めるようには見えないのが残念である。

以上のように子育て家庭支援政策の大まかな流れを概観してきたが，次節では，現在の具体的な子育て家庭支援の制度について紹介する。子どもが「健やかに生まれる」ために母親の妊娠期からの母子保健の仕組み，乳幼児期の子育てを支える様々な施策，子育ての費用を援助する経済的支援，医療費の補償，子育て情報や学習機会の提供，地域で孤立しないで子育てできる仲間づくりを促進する事業，子育ての悩み相談，虐待等の予防・発見・対策，そして現在ニーズの高まる保育関連の制度，ひとり親等への支援や社会的養護，さらに子育ての時間の保障など，ごく簡単ではあるが，知っておきたい事項について解説する。それぞれ関心のある項目については，より詳細な内容を自ら調べるなどしていただきたい。

子育て支援施策ミニ年表

年	月	社会状況	子育て支援関連施策
1940～50年代		戦後復興期	労働基準法公布 （産後休暇6週間, 0歳児の母に1時間の育児時間）
1960年代		高度経済成長	
1970年代			
1972	7月		勤労婦人福祉法公布
1979		女子差別撤廃条約（国連）	
1980年代			
1980	7月		特定職種育児休業法 （女子教員・保母・看護婦などの育児休業）
1981		ILO第156条約（家庭的責任を有する男女労働者の機会均等に関する条約）	
1985		男女雇用機会均等法	労働基準法改正（産後休暇8週間）
		女子差別撤廃条約批准（日本）	
1989		子どもの権利条約（国連） 合計特殊出生率低下（1.57ショック）	
1990年代			
1990	8月		少子化対策「健やかに子どもを生み育てる環境づくりに関する関係省庁連絡会議」内閣府に設置
1991	5月		育児休業等に関する法律公布 （全職種, 男女取得可）
1992	11月		経済企画庁「国民生活白書：少子社会到来, その影響と対応」
1994	4月	子どもの権利条約批准（日本）	
	12月		厚生・文部・建設・労働4省4大臣「今後の子育て支援のための施策の基本的方向について」（エンゼルプラン） 緊急保育対策等5ヵ年事業（1995－1999）
1995		ILO第156条約批准（日本）	育児休業等育児または家族介護を行う労働者の福祉に関する法律
1997	6月	男女雇用機会均等法改正	児童福祉法改正 （保育所の地域子育て支援の努力義務追加） （1998年施行）
1998	6月		厚生省「平成10年版厚生白書—少子社会を考える」
1999		男女共同参画社会基本法	
	12月		新エンゼルプラン（2000－2004） 「少子化対策推進基本方針」
2000年代			
2000	5月		児童虐待の防止等に関する法律公布
	6月		児童手当改正（3歳未満から義務教育就学前までの児童に拡大）
2001－2014			健やか親子21（母子保健の国民運動計画）
2001			待機児童ゼロ作戦 少子化対策プラスワン
	1月		育児休業中の所得補償引き上げ（40%）
	7月		仕事と子育ての両立支援策（待機児童ゼロ作戦）閣議決定
2003	7月		少子化対策基本法 次世代育成支援対策推進法公布 （2014年までの時限立法） （地方公共団体・企業における行動計画の策定義務付け）
2004	6月		少子化社会対策大綱 児童手当改正（小学3年生まで拡大）育児介護休業法改正（やむを得ない場合は1歳半まで延長可。所得補償50%, 子どもの看護休暇（年5日間義務化）
	12月		子ども・子育て応援プラン（2005－2009） 第1回「少子化社会白書」発表
2006	6月	男女雇用機会均等法改正	新しい少子化対策 児童手当改正（小学6年生の児童まで拡大）
2007	4月		放課後子どもプラン, 放課後児童クラブガイドライン 地域子育て支援拠点事業 （つどいの広場事業・地域子育て支援支援センター事業・児童館の再編, 活用） 児童手当法改正（児童手当の増額） 児童手当の3歳未満児加算
	12月		「子どもと家族を応援する日本」重点戦略検討会議設置
2008	2月		新待機児童ゼロ作戦
	12月		児童福祉法改正 （家庭的保育事業の法定化等）

表4－1
子育て支援ミニ年表

女性差別撤廃条約：
1979年に国連総会で採択された。正式名称は「女子に対するあらゆる形の差別撤廃に関する条約」日本は1985年に批准。第5条には性役割分担の否定を定め,「子の養育及び発育における男女の共同責任」を規定している。

ILO第156号条約：
1981年ILO（国際労働機関）が採択した「家庭責任を有する男女労働者の機会均等に関する条約」日本は1995年に批准。職業上の責任と育児・介護等の家庭責任の両立を目指している。

男女雇用機会均等法：
1985年制定。正式名称は「雇用の分野における男女の均等な機会及び待遇の確保等に関する法律」

児童福祉法改正：
1997年の改正では保育の措置（市町村の行政処分）が利用契約制度へ変更され, 市町村は「措置」から保育の「実施」をすることになった。

男女共同参画社会基本法：
1999年議員立法により成立。政府及び地方自治体は「男女共同参画基本計画」を策定, 実施すること等も定めている。

子育て支援施策ミニ年表			
年	月	社会状況	子育て支援関連施策
2009	9月	民主党政権誕生	育児・介護休業法改正
2010	1月	（2010－2014）	子ども・子育てビジョン（社会全体で子育てを支える）
	3月		子ども手当て法（所得制限無しに15歳以下に月額13,000円支給）
	6月		子ども・子育て新システムの基本制度案要綱発表
	11月		待機児童解消「先取り」プロジェクト
2011	7月		子ども子育て新システムに関する中間とりまとめについて
2012	3月		子ども子育て新システム関連3法案を国会に提出
	8月		国会の審議過程で3党合意による修正の結果成立
	12月	自民党政権復活	
2013	4月		待機児童解消加速化プラン
	5月		子ども・子育て会議（内閣府）発足
			子ども・子育て会議基準検討部会（内閣府）発足
	6月		少子化危機突破のための緊急対策
			子ども貧困対策の推進に関する法律公布
2014		社会保障・一体改革法案	
	7月		放課後子ども総合プラン
2015	3月		少子化社会対策大綱
	4月		子ども・子育て支援新制度施行
			子育て支援員研修開始
			次世代育成支援対策推進法延長
	10月	一億総活躍社会の実現に向けたプラン策定	
			「夢をつむぐ子育て支援」
2016	4月	女性活躍推進法	子ども・子育て支援法改正（仕事・子育て両立支援事業の新設）（企業主導型保育事業創設）
	5月		児童福祉法改正（子どもの権利条約を基本理念に明記）
	6月		ニッポン一億総活躍プラン（希望出生率1.8の実現に向けた対応策）
2017	3月	働き方改革実行計画	
	6月		子育て安心プラン（保育の受け皿整備32万人分）
	10月		育児・介護休業法改正
2018			
2019	6月		児童福祉法・児童虐待防止法改正（体罰禁止）
	10月		子ども・子育て支援法改正施行（幼児教育・保育無償化）

2 子育て家庭支援の制度

1 子育て家庭を社会全体で支える

　第1章で述べられているように，家庭・家族は子どもが育つ場として，生存と生活の保障，情緒的な絆の形成，社会化，多彩な生活経験の提供，社会資源の利用など，子どもが育つための重要な役割を担っている。さらに子どもが生まれてから成人に達するまでには，親自身はもちろん，周囲の様々な人々のかかわりを必要としており，未来の社会を担う次世代育成の観点からは，社会全体で子育て家庭を支えることが重要である。まさに「**ひとりの子どもが育つには村中の人が必要**」なのである。

　第1章に述べたように現代の子育て家庭・家族は，家族自体の変貌とともに子どもと家庭をとりまく社会環境の変化の下で，子育てに多くの困難を抱えている。もはや子育ては到底家族だけでできるものではなくなっている。人々が子どもを生み育てることを容易にし，子育て家庭としてその役割を充分果たせるために，社会的な子育て支援はますます必須の課題である。その課題は多方面にわたり，行政制度・施策はもちろん，NPOをはじめ，民間団体や個人による地域の助け合いなど，国民自身の様々な努力も払われている。

　本章では子育て家庭を支える公的な制度，施策を中心に紹介し，「子どもが大切にされ，子育てしやすい社会」になるための今後の課題についても目を向けてみよう。まず初めに，2012年，国がすべての子どもの育ちと子育て家庭を支援するという目標を掲げ，従来の多様な施策を再編成して法制化し，2015年から施行した最新の政策，「子ども・子育て支援新制度」について理解しよう。

「ひとりの子どもが育つには村中の人が必要：ヒラリー・ロダム・クリントン著，繁多進・向田久美子訳『村中みんなで』あすなろ書房，1996，アフリカのことわざといわれている。

2 子ども・子育て支援新制度

　政府は2000年以来進めてきた社会福祉基礎構造改革の一環として保育所制度の改革を目論んでいた。

　図4-2に見るように，子ども・子育て支援新制度においては，まず保育・教育給付という枠を設定し，そこに幼稚園と保育所を位置づけ，さらに幼保一体化を実施する認定こども園を合わせて，保育・教育給付のなかの施設型給付と名付けた。それに加えて小規模保育事業等，新たに市町村の認可事業と位置付けた地域型保育給付をこの枠内に位置付けた。「教育・保育給

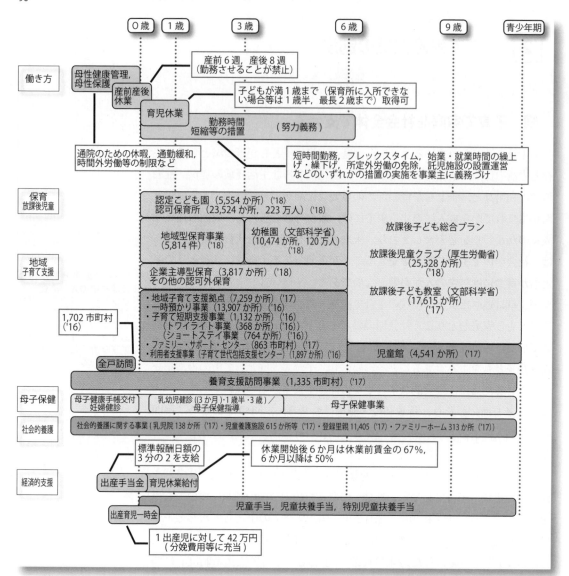

図4−1
次世代育成支援に関係す
る制度の現状

（『厚生労働白書』（厚生労働省），『学校基本調査』（文部科学省），『社会的養護の現状』（厚生労働省），『地域子ども・子育て支援事業の実施状況（平成27年）について』（内閣府），『子ども・子育て会議第28回資料』（内閣府））

付」には施設型給付と地域型保育給付の二つの柱が立てられた。そして財政的には公定価格という共通の基準に基づいて給付される補助金によって運営される。他方，ほとんど従来から実施されてきた地域子ども・子育て支援に関する13の事業をまとめてもう一つの大枠を設定した。その結果，新制度の目標は，具体的には保育・教育給付と地域子育て支援という二つの枠に体系化されたのである。「**子ども・子育て関連3法**」に基づく子ども・子育て支援新制度は既存の制度を大幅に再編成して，2015年に施行された。その後2016年には保育所入所待機児対策として国による「仕事と子育て両立支援事業」という別枠で企業主導型保育事業等が加えられた。

　2019年には，子ども・子育て支援法の改正により，図4−2の「子育てのための施設等利用給付」という枠が加わった。後述するように点線で囲わ

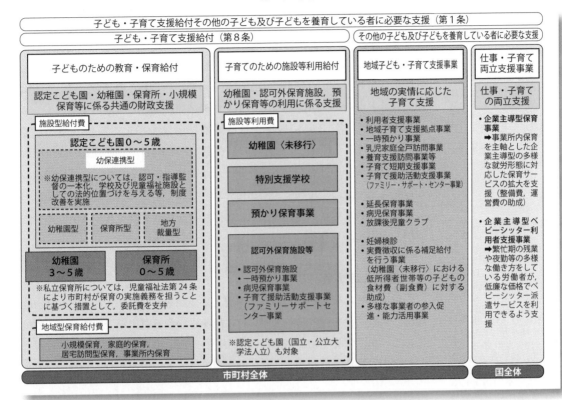

図4−2
子ども・子育て支援新制度概要

(『子ども・子育て支援法の一部を改正する法律案について』内閣府　2019)(2015年施行時は「子どものための施設等利用給付」はなかった。p.95参照)

れた枠内の施設利用が無償化対象となる。(p.94参照)次に，制度の見直しや新たな施策にも言及しながら具体的な支援施策について紹介する。

❸　安心できる妊娠・出産の保障—シームレスな支援体制・母子保健

❶　子育て世代包括支援センターの設立

安心して妊娠・出産できるよう主として母子保健法に基づく事業が行われてきた。また，2001年には21世紀の母子保健の取り組みの方向と目標を示した「すこやか親子21」の取り組みが始められた。

さらに子育て中の保護者の約4割が悩みや不安を抱えているといわれ，妊娠期から子育て期にわたる切れ目ない支援を実施するために，母子保健法を改正し子育て世代包括支援センターを設置することになった。

設置は市町村の努力義務とされ，2020年度末までに全国展開を目指す。2016年度から実施されている妊娠・出産包括支援事業と，子ども・子育て支援新制度の利用者支援や子育て支援などを包括的に運営する機能を担うものであり，保健師等を配置して専門知識を生かしながら「母子保健サービス」と「子育て支援サービス」を一体的に提供できるよう，窓口の一本化，ワンストップでの支援体制の構築を目指している。

(前頁)
子ども・子育て関連3法:「子ども・子育て関連3法」とは2012年8月公布の「子ども・子育て支援法」「就学前の子どもに関する教育，保育等の総合的な提供の推進に関する法律の一部を改正する法律」「子ども・子育て支援法及び認定こども園法の一部改正法の施行に伴う関係法律の整備等に関する法律」をいう。

（前頁）
子育て世代包括支援セン
ター：
平成29年4月1日施行，
法律上の名称は「母子健
康包括支援センター」。
この事業はフィンランド
のネウボラを参考にして
いる。
第3章／①主な関係機関
と連携（p.49）参照

赤ちゃんポスト：
事情により育てられない
新生児を親が匿名で預
け，特別養子縁組をする
施設。日本では2007年
熊本市の慈恵病院に設置
され，「こうのとりのゆ
りかご」と呼ばれている。
10年後の2017年3月
時点でゆりかごの預けら
れた130人の赤ちゃん
のうち，特別養子縁組を
したのは47人，里親の
もとにいるのは26人，
元の家庭に戻ったのは
23人，乳児院など施設
にいるのは28人，その
他6人と公表されてい
る。

② 母子健康手帳と妊婦健康診査助成制度

母子健康手帳は医療機関や助産所で妊娠の診断を受け，役所に届け出ると妊婦に交付される。妊婦健診の記録から出産，赤ちゃんの発育記録，予防接種記録などを行い，就学前までの子どもの健康記録として活用する。

母子保健法第13条に規定される妊婦健診は少子化対策の一環として2009年4月から原則14回程度の公費負担が実現した。0歳児の虐待死のなかには望まない妊娠をして孤立し，母子健康手帳ももらわず，妊婦健診もしないまま出産した母親による虐待死が含まれている。相談しやすい窓口の設置など支援が急がれる。また賛否両論があるが「赤ちゃんポスト」という究極の対策もありうる。

③ 入院助産制度

児童福祉法に規定されており，保健上必要があるにもかかわらず，経済的理由で入院助産を受けられない場合に出産にかかる費用を公費負担する制度である。生活保護受給世帯等には全額公費助成により実施する。助産施設として指定された医療機関や産院に助産用のベッドが用意されている。

④ 不妊相談・治療

最近では不妊相談や治療を必要とする場合も増えており，不妊専門相談センターの増設が進められ，全都道府県・政令指定都市・中核市に設置されている。治療費の一部公費負担も実施している。

⑤ 妊娠・出産前後についての学習の機会

出産はとりわけ女性にとって心身ともに大きなリスクを伴う生涯における大きなイベントである。保健所では，妊娠出産に直面する母親や父親対象に「プレママ，プレパパ」講座などを開催し，妊娠・出産に際しての知識，心構え，新生児の世話や育児の初歩的な知識を学ぶ機会を提供している。母親だけではなく，父親になることについても自覚を促し，妊娠中の妻を支え，夫婦で協力しながら育児をし，親として子どもを交えて家庭を築いていく覚悟を促す機会でもある。

⑥ 新生児訪問と乳児家庭全戸訪問事業

母子保健法（昭和40年）第11条には市町村による新生児訪問指導の実施が定められ，母子保健の観点から母子の健康状態の確認と保健指導・支援が目的とされている。心身のリスク要因を把握するため，保健師，助産師，看護師等の専門職によって実施されている。産後うつなどに陥る例も増えて

おり，専門的な支援が欠かせない。

　一方，国は児童虐待防止の視点から**児童福祉法を改正**し，2007（平成 19 年）に乳児家庭全戸訪問事業（生後 4 か月までの全戸訪問事業で「こんにちは赤ちゃん事業」ともいう）等を法制化した。現在は全市町村の **90%超**で**実施**されている。児童虐待の対象児の多くが 0 歳児であることから，すべての乳児のいる家庭を対象に訪問し，虐待のリスクを早期に発見し，子育て支援に関する情報提供や養育環境等の把握を行い，**養育支援訪問事業**等必要なサービスにつなげる事業である。

　両事業は法的な位置づけや目的は異なるが，新生児や乳児のいる家庭へのサポートであり，密接な関係があることから，両事業を併せて実施してよいとされている。こんにちは赤ちゃんの訪問者については，保健師，助産師，看護師の他，保育士，母子保健推進員，愛育班員，児童委員，母親クラブ，子育て経験者等から幅広く人材を発掘し，登用するとされている。専門職と非専門職それぞれの訪問効果を相乗的に組み合わせて地域の子育て支援につなぎ，親子を孤立させない初期の支援を充実させたいものである。

❼　乳幼児健康診査

　母子保健法（昭和 40 年）第 12 条及び第 13 条の規定により市町村が乳幼児に対して行う健康診査であり，小児科医や保健師などが赤ちゃんの発育や発達の様子をチェックするもので，乳幼児健診とも称する。赤ちゃんが身体面・精神面ともに健全な発育をしているかを定期的にチェックして，なんらかの異常があったときには，早期に必要な指導や治療につなぐ目的がある。母子保健法で必ず受けるように定められている乳幼児健診は，1 歳 6 か月児健診，3 歳児健診であるが，同法第 13 条に基づき，各市町村は新生児期，3 〜 4 か月児健診，9 か月〜 10 か月児健診など，様々な時期に実施している。健診未受診家庭は全体の数%ではあるが，未受診者の家庭で児童虐待が起きる事件が相次いだことから，さらなる受診漏れをなくす努力はもちろん，家庭訪問の早期実施等の対策が必要とされているといえよう。

❽　産前産後ヘルパー派遣事業

　地方自治体の事業として普及しつつある。近親者からの援助が望めない場合が増加しており，家族等からの援助がない，産前産後の体調不良のため家事や育児が困難な家庭に，自治体の委託を受けた事業者がヘルパーを派遣して，育児支援や家事援助などを行う。

児童福祉法改正：
2009 年 4 月施行。次の 4 事業が法制化された。
①乳児家庭全戸訪問事業
②**養育支援訪問事業**
③地域子育て支援拠点事業
④一時預かり事業

90%で実施：
児童相談所が対応した児童虐待件数は 1990 年から連続で増え続けており，2018 年度は 159,850 件，前年より 26,072 件増加し過去最高を記録した。（厚労省 2019 年発表速報値）図 4 − 6（p.100）参照

養育支援訪問事業：
2004 年度創設。乳児家庭全戸訪問事業等により把握した，訪問による養育支援が必要な家庭を対象に，養育に関する相談，指導，助言その他必要な支援を行う。

❹　子育て家庭の経済的支援 ― 子どもの貧困化

調査報告：
内閣府は 2009 年大規模な『インターネットによる子育て費用に関する調査』を実施した。

子どもの貧困率：
世帯収入から国民一人ひとりの所得を試算して順番に並べたとき，真ん中の人の所得の半分（貧困線）に届かない人の割合　参照：戸室健作「山形大学人文学部研究年報 13 号」「都道府県別の貧困率，ワーキングプア率，子どもの貧困率，捕捉率の検討」

貧困の連鎖：
大阪府堺市の生活保護受給 390 世帯の調査　週刊東洋経済 2008.10.25

子ども食堂：
主に貧困家庭の子どものために月に数回などの頻度で，無償か廉価で食事を提供する活動。2012 年ころから徐々に始まり，現在は全国に 2200 か所以上と急激に広がっている。実施主体は NPO だったりボランティア団体だったり企業だったりさまざまである。

子どもの貧困対策法：
「子どもの貧困対策の推進に関する法律」の略称。子どもの将来が生まれ育った環境に左右されないようにすることを基本理念として，基本的な対策を定めた。

旧児童手当：
小学校修了前までの支給。3 歳未満は月額一律 1 万円，3 歳以上第 1 子，第 2 子 5,000 円，第 3 子以降 10,000 円。ただし所得制限あり。

子ども手当：
当初所得制限なしに 0 歳から 15 歳まで月額 26,000 円の支給が計画されたが，財源問題等で 13,000 円の支給にとど

子ども一人を育て上げる費用はどのくらいだろうか。内閣府の調査報告は，生活費や教育費等あらゆる費用を合算した結果として，未就園児，幼稚園・保育園児，小学生，中学生，高校生，大学生の場合に分けて示している。それぞれの年間費用は多少異なるが，およそ年額 100 万円前後もかかっていることが示されている。とくに保育料や幼稚園の費用，塾の費用や習い事の費用，大学の学費など，日本では諸外国に比べて教育費の親負担が非常に重く，公的な支援が少ない。

2006 年の OECD の報告書は日本の**子どもの貧困率**上昇を指摘した。その背景には低収入で不安定な非正規雇用にさらされ続ける子育て世代の存在があり，最近の研究からは，生活保護以下の収入で暮らす子育て世代が過去 20 年間で倍増したという。子育て世帯の貧困率は 15％あまりに達しており，ひとり親では 55％にもなる（OECD 加盟国 30 か国の最下位）。親が経済的に困窮すると，教育費が不足し，子どもの学歴が低くなって成人後の貧困に結びつき，親世代から子世代へと**貧困の連鎖**が起きやすい。つまり貧困な親のもとに生まれたばかりに，子どもはその後の人生での「機会の不平等」を背負うことになる。子どもの貧困を根本的に解消するには，教育費の援助や「**子ども食堂**」，居場所づくりにとどまらず，子育てに必要な賃金を得られる労働環境，手取り収入が増える税制の仕組み等，親世代の低所得そのものを改善するべきであろう。2014 年には「**子どもの貧困対策法**」が施行されたが，子育て費用の負担は少子化の最大の要因であり，子育て世代の経済的支援は日本の未来を左右するといっても過言ではない。

❶　児童手当ての増額

従来の児童手当は金額が少なく，所得制限も厳しく，経済的負担軽減の効果は薄かった。諸外国と比較しても支給額の差は大きく，政府は児童手当の増額を検討した。2010 年民主党政権は支給額を大幅に増額した「**子ども手当て**」を新設した。しかし財源の問題で二転三転し，2011 年自民・民主・公明の 3 党合意による児童手当法改正，子ども手当廃止を経て，2012 年度からは年収 960 万円以下（夫婦・児童 2 人）という所得制限つきの「児童手当」が復活した。

❷　幼児教育・保育の無償化 ― 子育てのための施設等利用給付

2015 年にスタートした子ども・子育て支援新制度は，前述したように「子どものための教育・保育給付」と「地域子ども・子育て支援事業」の 2 本立てで，いずれも市町村が実施主体とされたが，2019 年の子育て支援法一部

改正により，「子育てのための施設等利用給付」が加わった。（図4－2）

　法改正は幼児教育・保育の「無償化」といわれるが，その意味は，3歳以上児および住民税非課税世帯の3歳未満児を対象に，① 施設型給付費の保護者負担をゼロにする，② 認可外保育施設等の利用費について標準的な利用料助成・補助をする，である。改正法には「無償化」の文言はない。また，5年間は国の監督基準を下回る認可外施設まで補助，3歳以上児の副食材費の実費徴収化，保育希望者が増えて待機児が増加する等，多くの問題点があり，無償化で「助かる」反面，手放しで喜べない面もあわせ持っている。

❸　学校教育の費用への援助

　学校教育法には，「経済的理由により就学困難と認められる学齢児童生徒の保護者に対しては，市町村は，必要な援助を与えなければならない。」（同法第25条，第40条）と定められており，生活保護またはそれに準ずる生活困難家庭に対して，修学旅行費，給食費，学用品費等を援助する。特別支援学校に通学の場合も同様の援助がある。

　また義務教育修了後，高等学校進学率はいまや約97％であり保護者負担は重いものがある。先の児童手当の改善と合わせて検討され，2010年公立高等学校の授業料無償化と私立高校生への「就学援助金」支給が実現した。しかし早くも2015年度から年収910万円以下という所得制限が導入された。

　また大学など高等教育の費用についても，入学金，授業料等が高額なため，学業を続けるためのアルバイト等に時間とエネルギーを使い，本業の勉学が妨げられてしまう現実や，返済義務のある奨学金がほとんどで，卒業後就職機会に恵まれず，返済不能に陥る例が後を絶たない。ようやく2019年「大学等における修学の支援に関する法律」が国会を通過し，2020年4月から施行される。対象は住民税非課税世帯等低所得家庭の学生で，授業料および入学金を減免する。財源は消費税率引き上げによる財源を活用するとされている。ただ実際には該当者は限定され，大多数には届かない。

❹　医療費の助成

　教育費とともに医療費も大きな負担である。医療費の無料化は親たちの切実な要望であり，乳幼児の**医療費助成制度**を導入する自治体が増加し，さらに中学生までの助成延長や医療費無料化に踏み切る自治体も現れている。国の制度として子どもの医療費無料化を求める動きも活発化している。

❺　子育て家庭の生活基盤の保障 ― 労働政策や住宅政策

　児童手当てや保育・教育の無償化等は，子育て費用の軽減に一定の効果は

まった。児童手当復活後は，3歳未満は15,000円，3歳から小学校修了まで第1子・第2子は10,000円，第3子以降は15,000円，中学生は10,000円。所得制限を超える場合は当面5,000円が支給される。

就学支援金：
2015年度から国公私立問わず，高校等の授業料の支援として年収910万円程度未満の世帯に「就学支援金」（月額9,900円）を支給。低所得の私立高校生等の世帯には加算あり。

医療費助成制度：
厚生労働省「乳幼児等に係る医療費の援助についての調査」（2015）によれば，都道府県では，通院，入院ともに就学前までの児童が最も多く，市区町村では，通院，入院ともに15歳年度末（中学生まで）が最も多かった。なおドイツ・イギリス・イタリア・カナダ・スウェーデンでは子どもの医療費は無料（自己負担なし）である。

あるが，家庭の経済基盤が将来にわたって安定していなければ，子どもを安心して産み育てることは難しい。近年，若い世代の失業や低賃金不安定就労層の増大と貧困化が指摘されており，現役世代の生活保護受給者が急増している。国民の生活基盤の確保にとって安定した雇用の保障は非常に重要な政策課題となっている。

エンゼルプラン：
第4章／①子育て家庭支援の政策動向／❸少子化対策の展開（p.82）参照

　また，1994年のエンゼルプランでは，子育て支援のための施策の基本的方向の一つに「子育てのための住宅及び生活環境の整備」を挙げ，「ゆとりをもって子どもを生み育てることができるよう良質な住宅の供給及び住み替えの促進等により，ライフサイクルに応じた住宅の確保が容易にできるようにするとともに，家族のだんらんのあるゆとりある住生活を実現する。」とある。しかし具体的な支援政策のなかでは住宅政策はほとんど顧（かえり）みられていない。ゆとりある子育てのために不可欠な基盤である雇用の安定と良質な住宅の確保はいまなお個人の努力にゆだねられているが，社会保障による有効な支援が最も切実に求められている領域といえるだろう。

❺　子育て情報・学習や交流の機会の提供

　現代では親になる前に親のあり方を学ぶ機会はますます減少している。2006年教育基本法が改正され，家庭教育に関する条文が新設された。第十条には親は子どもの教育の第一義的責任を負うこと，国及び地方公共団体は学習の機会と情報の提供等支援をするよう努めることが定められた。

❶　親のあり方を学ぶ機会

❶　保健所や保健センターでは，プレパパ，プレママのための講座，親のための講座などが実施されている。また，保健師による家庭訪問がある。

❷　公民館等においては社会教育の一環として子育て中の親向け講座や講演会が開設され，保育つきの講座も行われている。

❸　地域子育て支援拠点等の親子のひろばでは，相互交流による，ゆるやかな交流と学習の機会を提供したり，地域の子育て情報をまとめて提供したりしている。

❹　父親の育児参加を啓発，促進するために「父親手帖」を編集発行した自治体もある。また，ファザーリング・ジャパンのようなNPOが父親の啓発活動を展開している。

❺　子育て支援活動を支援する財団法人や企業による社会貢献の一環には，親の学習活動への支援も含まれている。

❷　児童ふれあい交流促進事業

親になる前に乳幼児と触れ合う機会があまりない現状を前に，児童期や思春期に赤ちゃんと触れ合う機会を設ける事業である。厚労省の助成事業として，「年長児童の赤ちゃん出会い・ふれあい・交流事業」がいくつかの自治体で実施されており，児童館，地域子育て支援拠点などで，民生委員や主任児童委員，保健所，地域の家庭等多くの協力を得て行われている。

写4-1　赤ちゃんとお母さんが学校を訪れ，生徒たちとふれあう「出前授業」（清瀬市清瀬中学校）。NPO子育てネットワーク・ピッコロによる事業。（朝日新聞 2010.10.26 より）

❸　子育て関連施策や情報の提供

従来，市町村は市民向けに行政サービスを紹介する便利帳や広報などを作成してきたが，子育て支援の一環として子育てに関連する施策をまとめた冊子やホームページを作成するようになってきた。スマホを利用する情報提供も急速に拡大している。

また，子育て当事者である母親たちやNPO法人等が，幼稚園や保育所，小児科医，公園や遊び場など，地域限定の子育て関連情報誌やホームページを作成する試みも行われている。

しかし活字離れの傾向は拡大しており，インターネット利用者は急増している。夫の長時間労働や役割分業意識，身近に頼れる人もなく，母親が一人で家事・育児すべてを負担するワンオペ育児では，即座に手軽に情報を得られる手段として，スマホはかたときも手放せない。スマホがあれば，インスタやチャットで外とつながり，孤独感から救われる。たとえばスマホなどでSNSを利用する親たちは90％以上，一日に複数回利用が70％以上という調査結果もある。同調査によれば「妊娠・出産・0歳児の子育てに関する情報をどこから得ているか」という問いに約65％余が「情報サイト，アプリ」と回答している。（図4-3）しかし信頼度は低く，68％余は「情報量が多く正確な情報がわからない」としている（図4-4）。

赤ちゃんと触れ合う機会：
カナダのトロントでは，1996年にメアリー・ゴードンが創設したRoots of Empathy（共感の根っこ）という赤ちゃんと親を授業に招いて，ほぼ1年間にわたって学ぶプログラムが実施されている。日本にも紹介され，各地のとりくみに影響を与えた。

ワンオペ育児：
ワンオペはワンオペレーションの略。夫の単身赴任など，何らかの理由で，一人で仕事，家事，育児のすべてをこなす状態をいう。

98

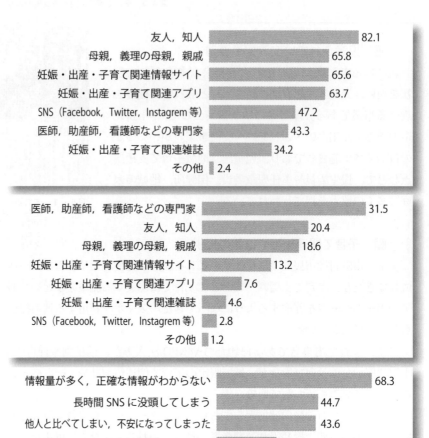

図4－3
妊娠・出産・0歳児の子育てに関する情報をどこから得ていますか？（複数回答可）（％）

（ベビーカレンダー（株）が企画・運営する「ファーストプレゼント」「おぎゃー写真館」の利用者対象のインターネット調査（2018.9.21~25）回答者907人）

図4－4
妊娠・出産・0歳児の子育てに関する情報の収集先としてどれを一番信用していますか？（％）

（図4－3に同じ）

図4－5
情報収集においてSNSを利用していてよくないと感じる点はどんな点ですか？（複数回答可）

（図4－3に同じ）

6　子育て仲間づくり・地域づくり支援

　孤立しがちな子育ての現状から，育児仲間を見つけられる場所，気軽に子どもを連れて出かけられる場所が欲しい。1980年代頃まで，3歳未満の時期は専業主婦の母親にとって，子連れで安心して出かけられるところはほとんどなかった。孤独な母親は育児不安や育児ノイローゼ等に陥ることも少なくなかった。国の子育て支援政策が始まる1990年代になってようやく家庭養育の支援策が始まる。保育所は在籍児の保育だけではなく，地域に開かれた子育て支援も担うことになった。家庭の支援親子が時間に縛られず，自由に遊べる場所，「つどいの広場事業」が続いた。広場は公園と違って，スタッフが常駐し，来所した親子の交流促進や気軽な相談相手になり，孤立や子育ての不安から解放し，ゆるやかな学習の場も提供する。

SNSのような顔の見えないネット上の情報ではなく，顔の見える関係で対話することは，安心感，信頼感が違う。次に具体的な施策について紹介する。

❶　地域子育て支援拠点事業

地域の子育て支援の拠点づくりのために，1993年度から保育所等で「地域子育て支援センター事業」がはじまり，2002年度からは子育て当事者等の活動を施策化した「つどいの広場事業」が加わった。2007年度には児童館で実施する「つどいの広場」を合わせた3事業が地域子育て支援拠点事業として再編成された。実施主体は市町村だが，社会福祉法人，NPO法人，民間事業者への委託も可能である。

子ども・子育て支援新制度では「一般型」と「連携型」の2種類に再編し，それぞれの機能を定めた（表4－2）。さらに都市部には100か所程度の「機能強化型」を設置し，「利用者支援機能」や「地域支援機能」を持たせる。国の事業目標は中学校区に1か所（約1万か所）。2017年度実施か所数は7,259か所である。

利用者支援機能：
地域の子育て家庭に対して子育て支援の情報の集約・提供等，地域支援機能：親子の育ちを支援する世代間交流ボランティア等との支援・協力等。

表4－2
地域子育て支援事業の概要

		一般型	連携型
機　能		常設の地域の子育て支援拠点を設け，地域の子育て支援機能の充実を図る取組を実施	児童館等の児童福祉施設等多様な子育て支援に関する施設の親子が集う場を設け，子育て支援のための取組を実施
実施主体		市町村（特別区を含む） （社会福祉法人，ＮＰＯ法人，民間事業者等への委託も可）	
基本事業		①子育て親子の交流の場の提供と交流の促進　　②子育て等に関する相談・援助の実施 ③地域の子育て関連情報の提供　　④子育て及び子育て支援に関する講習等の実施	
実施形態		①～④の事業を子育て親子が集い，うち解けた雰囲気の中で語り合い，相互に交流を図る常設の場を設けて実施	①～④の事業を児童館等の児童福祉施設等で従事する子育て中の当事者や経験者をスタッフに交えて実施
従事者		子育て支援に関して意欲があり，子育てに関する知識・経験を有する者（2名以上）	子育て支援に関して意欲があり，子育てに関する知識・経験を有する者（1名以上）に児童福祉施設等の職員が協力して実施
実施場所		公共施設空きスペース，商店街空き店舗，民家，マンション・アパートの一室，保育所，幼稚園，認定こども園等を活用	児童館等の児童福祉施設等
開設日数等		週3～4日，週5日，週6～7日／ 1日5時間以上	週3～4日，週5～7日／ 1日3時間以上

地域子育て支援拠点・親と子のつどいの広場は全国に広がってきたが，どのような成果をもたらしたのだろうか。大都市であり，地域子育て支援の市民活動が活発に展開されてきた横浜市で，この点に関する大規模な調査研究が実施された。調査対象は3歳児健診の対象家庭である。同事業については回答者の91.3％が「知っている」と回答した。調査結果からは，拠点や広場の利用頻度が高い「月5回以上」の場合，「子育ての悩みや不安を話せるようになった」53.6％，「他の親子に声をかけるようになった」51.3％と半数以上が子育てに対する変化を感じている。地域とのかかわりや他者とのかかわりについても，利用頻度が高いほど「地域に子育てを助けてくれる人

調査研究：
「子育て支援の効果の見える化と可能性～横浜市3歳児健診における養育者調査及びインタビュー調査報告書～」生協総研レポートNo.89号
2019年3月　生協総合研究所

がいると思えるようになった」「地域の行事やイベントに参加するようになった」「子育てにかかわる行政の制度に興味を持つようになった」などの割合が高く，子育てを通して視野を広げており，「他の親子に対しても助けてあげたいと思うようになった」という回答も過半数である。この事業が「子育てにやさしい地域づくり」に貢献していることが実証されたといえよう。

☑ 子どもに関する相談事業と虐待等の予防・発見・対策

❶ 児童相談所

児童相談所は 0 歳から 18 歳までの子どもに関するあらゆる相談を受け付ける。児童福祉司，児童心理司，医師等のスタッフがいて，相談内容によってはいろいろな調査や診断を実施する。近年は虐待への対応が急増している。児童虐待は増加の一途をたどり，厚労省は 2020 年度の全国児童相談所における児童虐待相談対応件数は，20 万 5,044 件（前年度比 1 万 1,264 件増）と発表した。調査開始 1990 年以来 30 年連続して増加を続けている。東京都目黒女児虐待死事件（2018 年），千葉県野田小女児虐待死事件（2019 年）はあまりにも痛ましい虐待死事件として人々の記憶に新しい。

❷ 児童虐待防止法と体罰の禁止

すでに深刻化する児童虐待の予防を目的に 2012 年「児童虐待の防止等に関する法律（児童虐待防止法）」が制定されている。急増する児童虐待に対して，2014 年 5 月の虐待事件をきっかけに，政府は社会保障審議会児童部会の下

児童虐待：
2014 年 5 月，厚木市内で起こった男児の白骨化遺体発見の虐待事件。その後も親による児童虐待死事件は毎年のように続発している。

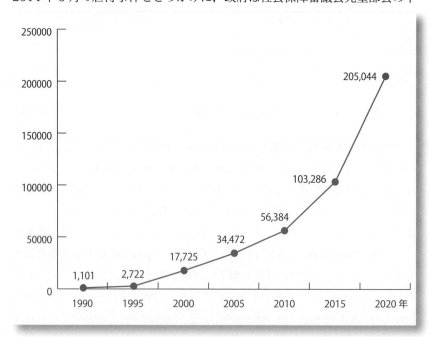

図4-6
児童相談所における児童虐待相談対応件数

（厚生労働省）

に「児童虐待防止対策のあり方に関する専門委員会」を設置し，検討を重ねてきた。第2段階として2015年には「新たな子ども家庭福祉のあり方に関する専門委員会」により，子ども家庭福祉のあり方について包括的な検討とともに，児童虐待の発生予防から自立支援までの一連の対策強化が検討された。そして2016年3月児童福祉法一部改正案が国会に上程され，5月27日全会一致で可決された。さらに続く虐待事件を受けて，2019年再び児童虐待防止法と児童福祉法改正を行い，ようやく「しつけを名目とする体罰の禁止」が明文化された。

　体罰容認の傾向が根強い日本社会では，親としては虐待ではなくしつけの延長であり，死に至ったのは事故だと考える場合も多い。世界で最初に体罰禁止の法律を制定したのはスウェーデンだが，法律で体罰を禁止しただけではなく，「叩かない子育て」など国を挙げて体罰禁止の啓発活動を行った結果，体罰の使用を大幅に減らし，虐待死をほぼなくすことに成功している。世界を見渡せば，家庭での体罰はもちろんあらゆる場所での体罰を法律で禁止している国はすでに54か国存在する。日本も「叩く子育て」から「叩かない子育て」への支援体制を早急に築くべきである。

❸　子育て相談 ― 保健所，保育所や地域子育て支援拠点，親子ひろば等

　離乳食やトイレトレーニング，生活習慣のような日常の育児に関する相談は，保育所や，ひろば等で気軽に相談できるようになった。児童福祉法や保育所保育指針の改正により，保育士は子どもの保育のみではなく，保護者の子育てを支援する役割りを課せられている。（具体的な支援のあり方については第2章・第3章を参照）

❹　教育相談・就学相談

　教育委員会では主に小・中学生の子どもと保護者を対象としており，子どもの情緒や発達についての心配など，広く教育に関する相談を行う。その他，電話教育相談（子どもホットライン）を開設し，いじめや学校での悩み相談を受けている自治体もある。就学相談は，小・中学校に入学予定の子どもと保護者等を対象とする。入学を控えて障害，病気その他学校生活が心配な子どもについて，適切な教育が受けられるよう相談に応じる。

❺　巡回相談

　通常学級において，発達，学習および生活上の困難等がある子どもとその親，教師などを対象とする。実際に学校を訪問し，子どもの行動理解や具体的な支援方法等を助言する。

8 保育・預かり型支援

1 保育ニーズの増大

第二次大戦後，共働き家庭等「保育に欠ける」乳幼児の保育制度は児童福祉法に位置づけられた国による公的な制度として発展してきた。しかしその後の政策により公立園の民営化が進められ，今や民営の園数が公立園数を上回っている。さらに現在は前述のように子ども・子育て支援新制度のもとで全国に設置された保育所等は 34,763 か所，261 万人余の乳幼児が保育されている。また幼稚園の 7 割以上が通常の教育時間終了後，希望する園児を対象に「預かり保育」を実施している。

保育所等を利用する家庭は増加の一途で，とくに 1・2 歳児の保育所等利用率はこの 10 年間に 20% 近くも急増し，47.0％にまで達している。そのため保育所入所待機児童数 19,895 人のうち 1・2 歳児が 74.2％を占める。0 歳児を除けば就学前の人口の半分近くは保育所等を利用する状況になった。保育所入所待機児は都市部に集中しており，首都圏，近畿圏，その他の政令指定都市・中核市で全体の 72%（2017 年 4 月現在）を占めている。その背景には地方経済の空洞化や疲弊が進行し，仕事を求めて若者が都市に集中せざるを得ない事情がある。保育の質が確保された安心して預けられる保育所増設に対する国民の願いはますます切実になっている。

ところで，保育所は子どもの貧困化対策としても大きな意味がある。栄養バランスのよい給食，沐浴設備，睡眠などの生活保障だけではなく，様々な遊びの体験，学びの芽生えになる経験など，貧困な家庭生活のなかでは得られない多くの機会を補足してもらえる。

あるいは，子どもの心身の様子から家庭生活の様子を知り，必要な援助や支援につなぐこともできる。その意味でも保育所が提供する保育の質はゆたかであってほしい。

2 子ども・子育て支援新制度と保育制度

新制度の下で，従来の保育制度は以下のように根本的に変更された。

❶ 保育の対象児童は従来の「保育に欠ける」児童から「保育を必要とする子どもを認定する」に変更された。市町村は保護者の就労状況によって，それぞれの子どもの保育の必要性の程度を認定し，標準時間保育の子どもと短時間保育子どもに分けて認定証を発行する。

❷ 市町村責任による保育の提供から介護保険をモデルに，利用者と事業者が直接契約する仕組みに切り替えた。ただし，児童福祉法第24 条第 1 項は存続することになり，従来の認可保育所の仕組みはそのまま残った。また，当分の間，認可保育所以外の保育（認定子

保育所等：
保育所等の数は保育所，幼稚園型認定こども園，幼保連携型認定こども園，地域型保育事業の合計。2018 年度の数値で厚生労働省発表による

保育所入所待機児の定義：
認可保育所に入所を申込んだが，入れなかった子どもを指していたが，2001 年国が新定義を示し，自治体が独自に助成する認可外保育施設利用者を含めないとした。2015 年にはさらに幼稚園の預かり保育利用や育休中も除外して定義はさらに狭められた。実態と合わない定義の見直し要求が高まり，新たな定義が検討され，2017 年には育休中は復職意志があれば含めることになった。認可保育所を利用できない「隠れ待機児童数」の把握は続けられている。

ども園や地域型保育など）も含めたすべての保育について市町村が利用調整を行うことになっている。

❸　認定こども園法が改正され，幼保一体化の新たな制度上に位置づけられる幼保連携型認定こども園が設置された。認定こども園は直接契約の仕組みであり，児福法24条第1項の市町村の実施責任からは外されている。

❹　市町村による認可事業（地域型保育事業）として待機児の多い3歳未満児を対象とする「小規模保育事業（利用定員6人から19人）」「家庭的保育事業（利用定員5人以下）」「居宅訪問型保育」「事業所内保育事業」を児童福祉法上に位置づけ，地域型保育給付の対象とする。

　これらの保育事業は，従来の認可外保育施設を再編利用しながら待機児解消を図る政策であるといってよい。保育所，幼稚園などの施設型給付と異なる公定価格が設定され，保育士有資格者の必置人数や保育者の資格条件が緩和（かんわ）されている。

　国は待機児解消を大義名分に，児童福祉法上，公的保育責任のある認可保育所増設よりも，多様な施設や事業から利用者が直接選択できる仕組みとするとしているが，結局は保育の質を落として安上がりに待機児を減らそうとしているのではないかと懸念されている。保育制度は非常に複雑なシステムになり，それぞれの保育形態の質の確保についても不安があり，果たして新制度が目指している，すべての子どもにとって安全，安心，同じ水準が確保された質の高い保育を提供できるか，課題も指摘されている。

　特に，小規模保育事業B型の保育者のうち保育士資格保有者は半数以上であればよいとされており，保護者たちからは心配する声が上がっている。ただし新制度はまだ始まったばかりであり，今後もすべての乳幼児が，どの保育を選んでも同じ質の高い保育を保障されるよう，改善を重ねていかねばならない。

❸　保育所入所待機児対策の展開

　国が定義する保育所入所待機児の数以外に，認可保育所に入所したかったにもかかわらず「認可外等を利用せざるを得ない」，「育休を延長」，「求職活動を諦めた」等，「隠れ待機児」あるいは「潜在待機児」の存在が指摘されている。2016年3月厚労省が初めて公表した「隠れ待機児」は60,208人であり，2015年4月時点公表の待機児23,167人と合わせれば83,375人になる。国による狭い待機児定義は結局実態とかけ離れており，政策上役に立たないことが露呈（ろてい）した。国は待機児対策を練り直さざるを得なくなった。

待機児：
2016年2月15日ネットのブログに「保育園落ちた！！日本死ね！」という刺激的な書き込みが登場し，「匿名である以上，本当かどうか確かめようがない」という首相の応答に「それは私だ！」と国会前での抗議行動が起こり，待機児問題は一日も早く解決を要する喫緊の政策課題として急浮上した。

❹ 企業主導型保育事業の創設

2016 年，新たな待機児解消策として，企業主導型保育事業が導入された。保育の受け皿を 40 万人から 50 万人に増加するにあたり，新たな施策として，企業による保育所整備が浮上し，子ども・子育て支援法が改正された。すでに新制度には事業所内保育事業が存在するが，さらに企業による保育所整備を容易にし，市区町村の認可がなくても，一定の職員配置や施設基準を満たせば認可施設並みに助成する。ただし位置づけは自治体の認可事業である地域型保育事業ではなく，その他の認可外保育である。従業員利用だけではなく，定員の 50% は地域枠を設定してもよい。また複数の企業が共同することもできる。企業の自由度が高く，公的な介入機会は限られる。

その後，企業主導型保育事業は各地に開設されたが，その利用率は低迷し，2018 年 3 月末時点で約 60% に過ぎなかった。大幅な定員割れで休園や閉鎖などが相次いでいる。2017 年の立ち入り調査から指導監督基準を満たしていない施設があるなど，ずさんな実態が明らかになった。内閣府は保育の質の確保が不十分だったと認め，対策を講じざるを得なくなった。

❺ 待機児を解消し，安心して預けられる質の高い保育こそ

人間にとって乳幼児期は人生の基盤形成に決定的な重要性を持つことが世界でますます明らかにされてきた今日，保育の質が確保された安心して預けられる保育所増設に対する国民の願いはますます切実になっている。

しかしながらそれに対応する保育行政は，とりあえず増え続ける待機児解消のための補充的，追加的な量的「解消策」にとどまり，結局保育の質の確保は後回しにされがちである。国造りは人づくりを抜きには語れない。次世代の育成をどれだけ優先するか，国政のかじ取りにかかわる重要な問題として，国民自身も関心を持ち，政策に反映させていく必要がある。

❻ 学童保育・放課後児童クラブ

学童保育は共働きやひとり親家庭の低学年児童の放課後や学校休業中の生活を保障する場である。1997（平 9）年ようやく国は児童福祉法を改正して学童保育を法制化した。少子化対策の柱の一つとして位置づけ，2007 年には文部科学省と厚生労働省の連携による「放課後子どもプラン」がスタートし，学校施設等を利用しやすくして増設をはかった。

その後，共働き家庭等の児童に限らず，すべての児童にとって放課後等の活動の充実を目指すことが重要だとして，総合的な放課後対策の必要性が認識され，2014（平 26）年文部科学省，厚生労働省が連携して「放課後子ども総合プラン」を策定した。市町村は 2019（平 31）年度末までに達成す

企業主導型保育事業：政府は待機児解消策の目玉として，「仕事・子育て両立支援事業」を新制度の新たな事業として位置づけ，企業主導型保育事業と企業主導型ベビーシッター利用者支援事業を創設した。2019 年 3 月時点で，助成決定 3,817 施設，定員 86,354 人である。2018 年度の政府目標は 9 万人，かなりの勢いで拡大している。

る目標を定め，放課後児童クラブと放課後子ども教室を一体的，または連携
して実施することになった。新制度では地域子ども・子育て支援事業に位置
づけられており，小学校6年生まで対象範囲を拡大し，1か所40人程度が
望ましいとしている。実際には40人を超えるところもかなり存在している。

７　一時保育・一時預かり・病児保育・夜間保育

親に替わって一定の時間子どもを預かって欲しいとい
うニーズは働いている親だけのものではない。昔は祖父
母などの親族，近隣の助け合いでカバーされてきたが，
現代では，そのような機会が減少し，一時保育や**一時預
かり**のニーズは増大している。預かりのニーズはシーム
レスに存在しており，介護や障害児の親のリフレッシュ，
不定期の仕事，求職中，学業従事，保育所入所待機中な
ど，多様なニーズが存在している。

写4-2　一時預かりの保育室と保育の様子（八国
山保育園・東村山市）

また，子どもが病気の時や夜間の保育ニーズもあるが，
対策は立ち遅れている。前者については看護休暇の拡充も望まれる。

８　ファミリー・サポート・センター事業

乳幼児や小学生等の児童がいる共働き家庭や専業主婦家庭を会員として，
子どもの一時的な預かり等を依頼する人と援助する人との相互援助（地域の
助け合い）をマッチングする役割りを担う事業である。急な残業の時の預か
り，保育所への送迎，冠婚葬祭時や他の子どもの学校行事の際の預かり，親
のリフレッシュのための一時的預かりなど，多様な預かりニーズに応じる仕
組みである。

９　ショートステイ，トワイライトステイ

児童福祉法の「子育て短期支援事業」であり，児童養護施設などに委託し
て実施されている。短期間の泊まり（7日以内）を伴う預かりや夜間の預か
りであり，母子家庭等のニーズに応じることが多い。

10　子育て支援員の養成

新制度の下で保育所等は増設を重ねているが，肝心の保育の担い手である
保育士が不足している。保育士有資格者は40万人とも言われるが，保育所
の開設時間の長さと交代制勤務，重労働にもかかわらず低賃金など，働く場
として選ばれにくい，選べないのである。

その不足を補うため，2015年，多様な子育て支援分野に従事する保育士
等を補助する「子育て支援員」を養成する研修制度が創設された。子育て支

一時預かり事業：
保育所で実施されてきた
一時保育は，2008年の
児童福祉法改正により，
一時預かり事業と改称さ
れて法律上に位置付けら
れ，第2種社会福祉事
業として展開されること
になった。

**ファミリー・サポート・
センター事業：**
1994年，就労と育児の
両立支援策として，当時
の労働省が地域住民の相
互援助システムとして創
設した。援助を受けたい
依頼会員と援助を行う提
供会員とがセンターに会
員登録し，センターは仲
介役をする。急な残業時
の保育所送迎など緊急時
や，不定期・一時的な保
育ニーズに対応する。厚
生労働省の下で，専業主
婦のリフレッシュ等にも
利用可となった。新制
度では2019年末までに
950市町村での設置を
目指す。

援員とは全国共通の「子育て支援員研修」の全科目を修了し，「子育て支援員研修修了証書」の交付を受けた者である。ただ，研修は受講すればよく，確実に身についたかを確認する試験等は実施されていない。

保育士不足の状況の下で，単なる研修だけで，実際に保育や子育て支援の事業に責任をもって従事させるのは，命を預かるだけに慎重でなければならない。実際の現場では，子どもにとっては，保育士も子育て支援員も区別はない。だからこそ，同じ責任をもって対応できる大人が必要である。現在は保育士等と子育て支援員の仕事上の役割分担や責任の範囲などは明確とはいえない。

❾ ひとり親家庭等への援助

離婚等の増加でひとり親家庭は増えている。以下のような様々な支援が行われているが，第2章でも触れたようにOECDの報告書（2006年）によれば，日本のひとり親家庭の貧困率は突出して高い。ワーキングプア状態を抜け出せる効果的な自立支援施策や保育など各家庭のニーズに応じるきめ細やかな子育て支援が求められている。

❶ 児童扶養手当

母子家庭：
母子世帯の平均年間収入は243万円。児童のいる世帯当たり平均所得707.8万円の3分の一程度である。（「全国ひとり親世帯等調査」2016厚生労働省）

母子家庭に対しては児童扶養手当が支給されてきた。父子家庭には，母子家庭よりも収入が高いという理由で支給されてこなかった。しかし，父子家庭の4割余りは年収300万円未満であり，子育てとの両立のために非正規雇用にならざるを得ない実情もある。父子家庭自身による要求運動も起こり，2010年度からは父子家庭にも支給されることになった。

❷ 母子家庭等医療費助成

児童扶養手当と同じ所得制限があるが，健康保険の医療費の自己負担分を助成する。

❸ 母子家庭等日常生活支援事業

中学生以下の児童のいるひとり親家庭に家庭生活支援員（ホームヘルパー）を派遣し，一時的に生活援助が必要な場合や，生活環境の変化により日常生活を営むのに支障が生じている場合に支援する。

❹ 母子・寡婦福祉資金貸し付け

母子及び寡婦福祉法に基づき，無利子もしくはごく安い利子で資金を貸し付けることによって，経済的に自立することを支援する

5　母子生活支援施設

　児童福祉法による入所施設。生活と養育の困難な母子世帯が，自立できるよう，専門職員が生活・就労・子育ての養育相談等のサポートをしながら，その生活と子育てを支援する。

10　特別な理解と支援の必要な子どもを育てる家庭支援

　20歳未満の障害児を育てる家庭には特別児童扶養手当が支給される。（保護者の所得制限あり）また，早期発見，早期療育，発達相談，保育・通園施設など，多様な施策が実施されている。最近ではADHDなど発達障害児への支援の充実が求められている。

　教育の面では2007年4月から「特別支援教育」が学校教育法に位置づけられ，すべての学校において，障害のある幼児児童生徒の支援をさらに充実していくこととなった。保育所や幼稚園における統合保育など就学前の発達保障も進められている。

　しかし日常生活の支援では，放課後や学校休暇中の生活支援，一時的な預かりなど，施策が立ち遅れており，当事者やNPOなどの自主的な活動によりようやく支えられている状況もある。

11　社 会 的 養 護

　2016年に改正された児童福祉法においては，社会的養護が必要となった子どもが里親などをはじめ家庭的環境で養育されるよう条件整備を図ることが強調されている。とくに乳幼児期は里親の養育に期待が寄せられ，今後，里親制度の普及，研修や支援策の充実を図るとしている。里親には，養育里親（専門里親含む），養子縁組希望里親，親族里親があり，そのほかにファミリーホーム（小規模住居型児童養育事業）による養育がある。

　これまで，児童養護施設など集団生活の施設養護が主流であったが，家庭的環境のなかで，一人一人が「オンリーワン」の存在として大切に育てられることを重視する方向である。現状では社会的養護対象児童約46,000人の約9割が施設に入所している。日本ではこれまで里親を引き受ける家庭は少数で欧米のようには普及していない。自分の子どもだけではなく，どんな子どもも愛情をもって育てる社会へ一歩踏み出せるだろうか。

里親：
日本では社会的養護のうち里親に委託された子どもは12%，（2013年）に過ぎないが，オーストラリア93.5%，アメリカ77%，イギリス71.1%などと欧米等は圧倒的に里親委託である。第3章／**2**要保護児童家庭への支援／**2**要保護児童家庭への支援（p.76）参照

🔢 子どもを育てる時間の保障 ── ワークライフバランス

　子どもを育てる家庭にとって，子育て費用とともに必要なのは子どもと関わる時間である。「早寝早起きの生活リズムが守られる働き方，夕方6時には家に帰り，家族で晩ごはんを食べてお風呂に入って8時には子どもが眠れる」というような，かっては普通だった生活は，夜型にシフトし，成長期の子どもの体にとって破壊的な影響を与えている。働き詰めの大人にとっても子どもとゆっくり向き合える時間が減少し，親子そろって夕食という風景も少なくなった。現在の日本社会はあまりにもワークに偏らざるを得ない生活を余儀なくされ，子育ての時間を奪われてしまっているといえる。これまでも働き方の見直しがたびたび政策論議に浮上するが，なかなか前に進まないのが実情である。

🔟 労働時間の短縮

父親の育児時間：
休日の父親の家事・育児参加時間が長いほど第2子出生率が高かった。(厚生労働省「21世紀成年者縦断調査」)

　子どもを育てるには子どもの世話をし，遊び相手になり，向き合ってともに過ごす時間が必要である。日本では，とくに父親の育児時間が不足している。これは個々の家庭の努力を超える問題であり，労働時間短縮など働き方を変革する必要がある。男性の働き方の見直しを含む，仕事と生活の調和（ワークライフバランス）が施策に登場するのは，ようやく2002年の「少子化対策プラスワン」からである。

🔢 育児時間の保障制度

ワークライフバランス：
老若男女誰もが，仕事，家庭生活，地域生活，個人の自己啓発など，様々な活動について，自ら希望するバランスで展開できる状態であること。

　育児休業のはじまりは勤労婦人福祉法にさかのぼるが，1991年に「育児休業等に関する法律が制定され，1995年には「介護休業等育児又は家族介護を行う労働者の福祉に関する法律」と名称を変更し，育児中の所得補償（25％）と社会保険料一年間免除が定められた。

　その後，2001年には休業中の所得補償が40％に，2004年には50％に，2014年には最初の6か月は67％（その後は50％）にと徐々に引き上げられた。また休業期間も2004年には保育所に入所できないなど，やむを得ない場合は1歳半まで取得可能になり，2009年の改正では，父母が交代で取得する場合は1歳2か月まで延長可。また配偶者が専業主婦（夫）でも例外なく育休取得が可能となり，パート，派遣，契約社員も雇用期間内であれば取得できることになった。

　その他，3歳未満の子どもがいる場合，短時間勤務（原則1日6時間）制度をつくることが企業に義務付けられた。小学校就学前の子どもが2人以上の場合は看護休暇が年間10日に増え，健診や予防注射でも休めることになった。

育休制度の拡充によって女性労働者の育休取得率は2008年に90.6％に達したが，その後減少傾向になり，2017年では83.2％（有期契約労働者は70.7％）である。しかし，この数値は出産後も就業を継続した親を分母にしている。国の調査結果から

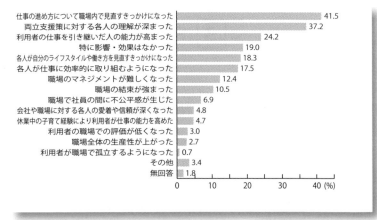

図4－7
「育児休業制度」「短時間勤務制度」の利用による職場への総合的影響

（内閣府「管理者を対象とした両立支援策に関する意識調査」2005）

は結婚退職や出産前退職，出産後退職などの数値は依然として高く，第1子出産後の就業継続者は最近上昇してはいるがようやく50％を超えたところである。一方男性の取得率は上昇傾向ではあるが，まだわずか数％にとどまっている。

子どもにとっての両親に育てられる権利を保障することは重要であり，子育ての時間を取り戻すには，働き方を変える企業の協力が不可欠である。ワークライフバランスのよい社員の方が生産性も意欲も高く，思い通りに行かない育児の経験は社員にとってまたとない研修になるという調査結果もある。

男性の取得率：
民間企業で5.14％，女性の育休取得率は83.2％。

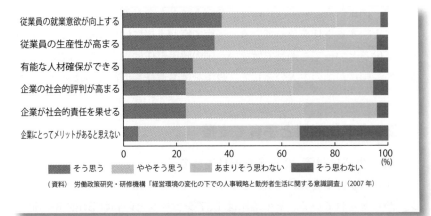

（資料）　労働政策研究・研修機構「経営環境の変化の下での人事戦略と勤労者生活に関する意識調査」（2007年）

図4－8
ワークライフバランスの実現度と仕事への意欲

企業の取り組み：
次世代育成支援対策推進法に基づく行動計画の策定，実施，目標達成など一定の条件を満たした企業は，厚生労働大臣の認定を受け「子育てサポート企業」として，認定証（愛称：くるみん）を使用できる。ほとんどの企業は計画策定を済ませたが，認定企業は2018年3月で2878社である。

2015年4月1日より，くるみん認定を既に受け，相当程度両立支援の制度の導入や利用が進み，高い水準の取組を行っている企業を評価しつつ，継続的な取組を促進するため，新たにプラチナくるみん認定が始まっている。

企業の取り組みは低調だったが，2000年代に入り，このまま少子化傾向が続くと，労働人口が減少し，深刻な人材不足が現実になる見通しとなった。そこでまだ労働力率に余裕のある女性に焦点を当てて出産・子育てを経ても安心して働き続けられる環境整備に取り組む企業が増えてきている。

3 子育て家庭支援の政策動向と課題

❶ 持続する少子化と国の責任

　現在，日本は世界のなかでも少子高齢化社会の先頭を走っている。人口推計によれば，さらに進行すると予測されている。すでに二十数年にわたって対策が講じられてきたが，出生率は低迷したまま，待機児問題は抜本的な解決に至らず，児童虐待は上昇の一途をたどっている。いかにしてこれらの困難を乗り越えて「子育てしやすい国，子育てが楽しい国」に向かって歩んでいけるだろうか。

　将来人口推計（出生中位推計）によれば，2065年には高齢者人口は約38.4％，15歳未満の子どもは10.2％になるという。そして「人口減少と高齢化が進むと，労働力不足，需要の減少で経済が縮小する。技術革新の動機づけが弱まり，若者向けの政策が軽視される傾向もある。加えて社会保障への負の影響は巨大」と指摘されている。

　国は，国民が安心して次代の社会を担う子どもを産み育てることができるように支援する責任を負っている。子育て家庭支援には日本社会の将来がかかっているといっても過言ではない。国の政策責任は重く，また政策に関心を持ち，国民が国の主人公として，政策を選ぶ責任も果たさねばならない。

将来人口推計：
国立社会保障・人口問題研究所「日本の将来人口推計－2016年〜2065年－」平成29年4月発表による。

❷ 少子化対策と子育て支援

❶ 少子化対策20年余を振り返って

　わが国の子育て支援が政策として始まったのは1994年の「エンゼルプラン」からとされている。その端緒は1.57ショックといわれる出生率の低下問題であった。さすがに戦前のあからさまな「産めよ，増やせよ」政策に走ることは避けられ，子育て支援を通して少子化対策とする方針が採用された。したがって子育て支援の内容は出生率の向上を目指すことに重点が置かれてきた。ただ初期のころは政府はそのうち出生率は回復するだろうという楽観論が大勢を占めていたようである。

　前節でみたようにすでに子育て支援の諸制度は多岐にわたって整備されてきた。エンゼルプラン以降，次々に打ち出された少子化対策も積み重ねられた。しかし，今のところ目標である少子化の克服には効果を発揮していない。

❷　なぜ少子化対策は結果を残せなかったのか

なぜ，少子化対策としての子育て支援政策が効果を発揮できないのか，すでに多くの考察，分析が行われ，問題点や課題も指摘されている（参考文献参照）。次にそれらのいくつかを紹介しながら，今後の子育て支援のあり方を展望してみよう。

第1に，少子化対策としての子育て支援が始まった1990年代は，バブル景気が崩壊し，企業は正規雇用を縮小し，契約社員や非正規就労を拡大した「就職氷河期」「失われた10年」「ロストジェネレーション」と呼ばれている。1990年代後半から労働法制の規制緩和が推進され，結果として，若年層や女性の非正規労働者が増加した。彼らの労働条件は不安定で，働いても食べていけないワーキングプア層さえ生み出した。そして結婚や子育てを諦めざるを得ない層が形成された。年収階層別の婚姻率を見れば年収が低いほど婚姻率も低い。未婚率は上昇し，労働政策はまさに少子化を進行させる方向に作用したといえよう。平行して実施された少子化対策は，それを打ち消すような経済構造の激変に直面し，実効性の低いものにならざるを得なかった。

第2に未婚化は日本の親子の特徴としてパラサイト・シングルと命名された現象とともに進行した側面がある。非正規雇用など低収入の若者は一人暮らしでは貧困に陥るため，親と同居する道を選ぶ。すると高度経済成長期に正規職を得て年功序列のもとで多少ともゆとりのある親世代との暮らしは，一人暮らしよりはるかに居心地がよい。かくて若年層の収入の不安定化とパラサイト・シングル現象は組み合わさって未婚化を促進し，少子化の要因となった。親から独立するのが当然とされ，いつまでも親に頼れない文化の欧米各国とは異なっている。

第3に「仕事と子育ての両立支援」は少子化対策のメインテーマである。なかでも保育サービスの拡充と育児休業制度の整備は必須条件といえよう。1992年に育児休業法が施行され，その後たびたび改正されてきた。女性の取得率は上昇し，今や80％以上である。

女性の出産前後の就業継続状況を見ると，2010（平成22）年から2014（平成26）年に第1子を出産した女性では，出産後も就業を継続した女性の割合は，53.1％へと大幅に上昇した。そのうち，育児休業を利用して就業を継続した女性の割合は，39.2％となっている。確かに就業継続率は近年大きく上昇してはいるが，出産後の退職率はなお約47％である。育休後に復帰する職場が相変わらず長時間労働や残業があるなど，育児と両立が困難な場合もある。結局育休後の母親は厳しい仕事環境と育児を一人で背負う「ワンオペ育児」に陥る可能性が高い。育児休業だけではなく，ワークライフ・バランスの改善や父親が育児参加可能な条件を整えなければ，仕事と子育て

パラサイト・シングル：学卒後も親に基本的生活を依存する独身者と定義づけられている。社会学者の山田昌弘が提唱した。

女性の出産前後の就業継続状況：「正規の職員」は69.1％であるのに対し，「パート・派遣」は25.2％となっている（国立社会保障・人口問題研究所「第15回出生動向基本調査（夫婦調査）」（2015（平成27）年）

112

の両立は実現しない。

　保育サービスの拡充は待機児対策として，これもなんども解消策を塗り替えながら，今なお解消には程遠い状況にある。1970年代にはやはり保育需要が急増し，政府は児童福祉法の定めるところに従い，折からの好景気にも後押しされて，公立の認可保育所を全国に増設した。しかし，1990年代以降の待機児増には，民間委託や規制緩和による多様な保育形態の認可など，コストを削減しながらの，いわば小手先の対策が続いている。厚生労働省の調査からは，**認可保育所利用を希望する子育て家庭は，保育所入所を申し込んで入所待機児となった人数をはるかに超えている。**応急対策の待機児対策ではなく，将来を見据えて皆保育を目指すくらいの政策が求められている。

　第4に「仕事と子育ての両立」は，ともすれば女性の問題と捉えていたのではないだろうか。1970年代後半から，世界では実生活の上でも男女平等の社会づくりを目指す運動が大きな流れとなった。各国は男女共同参画社会へ向けて舵を切り，男性は仕事ばかりではなく，家事育児にも参画し，女性は家庭にとどまらず，男性に劣らない条件で共に働ける社会がイメージされた。

　日本と同じく少子化に直面したヨーロッパ各国はいち早く少子化対策に踏み切り，男女共同参画の視点も入れて政策が策定された。とくに北欧諸国は子育て支援を少子化対策としてだけではなく，男女共同参画社会の実現の一環として強力に推し進めたという特徴がある。スウェーデンはその際，女性が安定した収入を得られるように，ちょうど人材が必要な介護や育児などの公共部門に女性を採用した。その結果，ある程度少子化の克服に成功している。このことは日本に大きな示唆を与えてくれる。

　日本では減少傾向ではあるが，まだ性別役割分業を肯定する意識が根強く残っており，一挙に男女共同参画社会に向かって歩みを進めるには至っていない。子育て支援策にもあるいは税制上も，専業主婦向け，共働き向けが混在している。

　第5に子育て支援策を国が本気で実行するには先立つもの，つまり国家予算の裏付けが必要である。子どもや子育てなど家族関連の予算配分を国際比較してみると，残念ながら日本は非常に立ち遅れていることが分かっている。

　図4－9に見るように家族関係社会支出のGDP費に占める割合は，日本1.31％に対し，イギリス3.79％，スェーデン3.64％，フランス2.92％など2倍以上から3倍近い。実は日本の場合，高齢化が急速に進んだこともあり，介護や年金，医療などに大幅な予算配分をしてきた。子ども，家族関連の予算は，たしかに子育て支援策の強化に多少増加したが，高齢者福祉と比較すると10倍以上の差がある。保育所増設についても，児童手当の額にしても，

認可保育所利用希望：
厚労省の2008年の調査によれば「0～6歳の子どものいる世帯で，認可保育所の利用希望者（「1年以内に働き始め，子どもを認可保育所に預けたい」と考えているもの）は約85万人（内0～2歳は59万人）と推計されている。（朝日新聞2009年3月8日朝刊）

メニューはあれど中身は貧しいという現状にとどまっている。また待機児対策にみるようにその都度の問題に対応し，「待機児ゼロ作戦」などのスローガンも掲げるが，刹那的（せつなてき）な姿勢がぬぐえない。根本的な解決は常に先延ばしにされてしまう結果，いつまでも悩まされる。

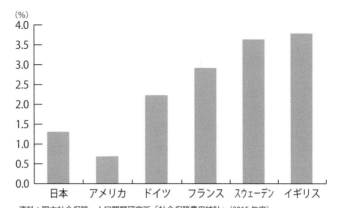

資料：国立社会保障・人口問題研究所「社会保障費用統計」（2015 年度）
注1　家族関係社会支出…家族を支援するために支出される現金給付及び現物給付（サービス）を計上。
　2　日本は 2015 年度，アメリカ，ドイツ，フランス，スウェーデン，イギリスは 2013 年度

図4－9
各国の家族関係社会支出の対 GDP 比の比較（2015年）

　ところで，理想の子ども数より実際の子ども数が少ない最大の理由は「子育てにはお金がかかる」である。子育て費用を支援する施策の一つに児童手当があるが，残念ながら手厚い北欧諸国やフランスなどに比べると一般的な家庭に対しては 1 節でみたように少額である。保育・教育の費用については 2019 年 10 月以降からようやく無償化や無償の奨学金制度が発足するが，認可外の保育施設も対象にするなど懸念される点もある。

❸　子育てしやすい国に向かって

　超少子高齢化社会を生きる日本にとって，労働力不足は大きな課題であり，女性の就業率を上げるには保育サービスの充実がカギを握っている。次世代の国民である子どもたちの乳幼児期を心身ともにゆたかに育む質の高い保育で充実させれば，その波及（はきゅう）効果は非常に大きい。待機児対策として，量的拡大に走るばかりではなく，保育の質の向上に努力し，正規雇用で安心して共働きできれば，貧困からも脱出できる。納税者として税収増に貢献もする。「子育て支援は日本を救う」とまで言われている。待機児対策という緊急一時的な政策ではなく，すべての子どもに保育が必要だというくらいの意気込みで保育を充実させていかねばならないだろう。そのためには，大幅な財政投入が必須である。

　子育て当事者の年代の男女に「自分の国を生み育てやすい国だと思うか」を調べた国際比較の結果がある。「そう思う」と「どちらかといえばそう思う」を加えた割合は，スウェーデンで 97.1 ％，ドイツで 77.0 ％，フランスで 82.0 ％であったが，日本は 38.2 ％と半分以下であった。「昔はひどかったけど，ずいぶんよくなったね」と振り返る日がくることを願って，国民みんなで子育て家庭にやさしい国を作りたいものである。

国際比較調査：
第5章／①国際比較／図5－6「あなたの国は子どもを生み育てやすい国かどうか」（p.123）参照

● **やってみよう**

❶ 子どもの権利条約には，親（または親役割を引き受けた人）は子どもを育てる責任があるが，国は親がその責任を果たせるように支援するべきであるとしている。子どもを産んだが，どうしても育てられない場合に究極の子育て支援ともいえる「赤ちゃんポスト」を設置する国もある。それについては賛否両論があるが，あなたも考えてみよう。

❷ 「男女共同参画社会」について，具体的にどんな社会をイメージしますか，友人などと話し合ってみよう。

❸ さまざまな子育て家庭支援制度のなかで，なにか興味関心のあるものを見つけて，もっと詳しく調べてみよう。

❹ 子ども・子育て支援新制度の保育制度には多様な保育形態が示されているが，幼稚園，認可保育所，認定こども園，地域型保育事業，企業型保育事業について，これから共働きをして保育サービスを利用しようとしている人に説明するつもりで詳細を調べてみよう。

●参考文献・図書●
①ヒラリー・ロダム・クリントン著，繁多進・向田久美子訳『村中みんなで』あすなろ書房　1996
②中野光・小笠毅編著『ハンドブック子どもの権利条約』（岩波ジュニア新書）岩波書店　1996
③内閣府子ども・子育て本部『すくすくジャパン　子ども・子育て新制度について』2018
④内閣府子ども・子育て支援新制度説明会資料『地域子ども・子育て支援事業の実施状況』（平成27年度）について』2016.7.28
⑤内閣府　閣議決定『ニッポン一億総活躍プラン』2016.6.2
⑥内閣府『子ども・子育て支援法の一部を改正する法律案について』2018.12.28
⑦内閣府『少子化社会対策白書』令和元年版』2019
⑧厚生労働省『厚生労働白書』2008年版　2013年版　2016年版
⑨厚生労働省『保育所等関連情報取りまとめ（平成30年4月1日）』2018.9.7
⑩保育研究所編『子ども・子育て支援新制度法令集』「保育の研究」No.26　特別号　2015
⑪田村和之・古畑淳編『子ども・子育て支援ハンドブック』信山社　2013
⑫保育研究所編『これでわかる！子ども・子育て支援新制度—制度理解と対応のポイント—』ちいさいなかま社発行・ひとなる書房発売　2014
⑬全国保育団体連絡会・保育研究所編『保育白書』2014年版、2016年版、2018年版
⑭戸室健作『都道府県別の貧困率、ワーキングプア率、子どもの貧困率、捕捉率の検討』山形大学人文学部研究年報13号　2016.3
⑮秋田清美・小西祐馬・菅原ますみ編『貧困と保育』かもがわ出版　2016
⑯子どもの貧困白書編集委員会編『子どもの貧困白書』明石書店　2009
⑰阿部彩『子どもの貧困—日本の不公平を考える』（岩波新書）岩波書店　2008
⑱山田昌弘『少子化社会日本—もうひとつの格差のゆくえ』（岩波新書）岩波書店　2007
⑲池本美香『失われる子育ての時間—少子化社会脱出への道』勁草書房　2003
⑳佐藤博樹・武石恵美子『男性の育児休業』中公新書　2004
㉑日本保育学会編『保育学講座②保育を支えるしくみ—制度と行政』東京大学出版会　2016
㉒柴田悠『子育て支援が日本を救う』勁草書房　2016
㉓汐見稔幸（編集代表）『子育て支援の潮流と課題』ぎょうせい　2008
㉔阿藤誠『日本の「少子化対策」—20年の軌跡とその評価』「人間科学研究」第23巻第2号　早稲田大学　2010
㉕浅井春夫『次世代育成支援で変わる，変える子どもの未来』山吹書店　2004

（福川須美）

第5章
世界の子育て

　本章では，世界の子育てについて述べ，わが国の状況を客観的にとらえ，また諸外国の子育て家庭支援のあり方から学ぶことを課題とする。

　①では世界の子育てに関する統計や調査を紹介する。次いで②ではスウェーデンの，③ではカナダの，④ではフィンランドの子育て家庭支援の状況についてやや詳しく紹介する。

1 国 際 比 較

■ 先進工業国と開発途上国

　世界の国の状況について，まず表5－1により基本的な特徴をおさえておきたい。

　世界の人口は約78億人でありそのうちの大部分が開発途上国（アジア，アフリカ，中南米の大部分の国）の人口である。表により，日本もその一つである先進7か国（G7）〈世界の人口の10％〉と，途上国のなかでも特に貧しい後発開発途上国（世界の人口の13.5％）を比較すると，国際間の著しい格差，富の偏在（へんざい）がわかる。すなわち，G7の国々の一人あたり名目GDPの平均は，世界平均の4倍である。後発開発途上国の一人あたり名目GDP

	総人口 （千人）	18歳未満人口 （千人）	乳児死亡率 （出生千人あたり）	合計特殊 出生率	一人あたりの 名目GDP （米ドル）
世　界	7,794,799	2,353,672	28	2.4	11,562
先進7か国	772,627	151,517	4	1.6	44,893
後発開発途上国	1,057,438	479,533	45	4.0	1,078
日　本	126,476	19,137	2	1.4	40,247

注：先進7ヵ国（フランス，アメリカ，イギリス，ドイツ，日本，イタリア，カナダ）の数値は各国の数値を合計，又は平均して算出。

表5－1
世界の国の基本統計

（ユニセフ「世界子供白書」2021）

は世界の10分の1，G7の40分の1である。

　子どもの状況をみると，18歳未満人口の占める割合は先進国において低く開発途上国において高い。合計特殊出生率は先進国で低く開発途上国で高い。乳児死亡率は前者で低く，後者で高い。

　子育てについては，開発途上国と先進工業国では異なる課題をかかえている。前者では，出生率は高いが，乳児死亡率が依然として高く，栄養，医療，環境，教育の改善が課題となっている。後者では，いずれも少子化がすすみ，また「豊かさ」のなかでの生活や人間関係のあり方が変化し，子育てにおける新たな課題に直面している。

　本章では，「世界」といっても主として日本と共通の課題を抱えた先進工業国における状況を取り上げる。しかし，先進国の「豊かさ」と途上国の「貧しさ」は深い関係をもっていること，そして途上国の伝統的な子育てや家族・地域の子育てシステムには，先進国が経済的豊かさと引き替えに失ってきた心の豊かさともいうべきものが存在するのではないか，という点を忘れないでおきたい。

❷　人口と出生率

❶　アジアの国々の場合

　日本が属するアジアは，世界で最も人口が多い地域であり，なかでも中国，インドは10億を越える人口大国である。表5－2にみるように，アジアにおける最近の合計特殊出生率はパキスタン3.4，フィリピン2.5，ラオス2.6と高い国も多いが，全体に低下傾向があり，シンガポールや韓国のように日本以上に少子化がすすんでいる国もある。これらの国々では1970年の合計特殊出生率は日本が2.13であったのに対して，韓国が4.50，シンガポール3.10と日本を上回っており，短期間に急激な少子化が進行したことがわかる。これらの国々でもさまざまな少子化対策がとられている。

　一方，人口増加に悩む中国では，1979年以降「一人っ子政策」と呼ばれる独特の政策を実施した。その結果出生数を減少させたが，急速な高齢化の

進展などさまざまな問題が生じ 2015 年末一人っ子政策は廃止された。

地　域	国	人　口 （千人）	合計特殊出生率	
			2020 年	（2005 年）
東アジア	日　本	126,476	1.4	1.3
	中　国	1,439,324	1.7	1.7
	韓　国	51,269	1.1	1.1
	北朝鮮	25,779	1.9	2.0
	モンゴル	3,278	2.8	2.3
東南アジア	インドネシア	273,524	2.3	2.3
	マレーシア	32,366	2.0	2.8
	フィリピン	109,581	2.5	3.0
	シンガポール	5,850	1.2	1.3
	タ　イ	69,800	1.5	1.9
	ブルネイ	437	1.8	2.4
	ベトナム	97,339	2.0	2.2
	ラオス	7,276	2.6	4.6
	ミャンマー	54,410	2.1	2.2
	カンボジア	16,719	2.5	3.9
南アジア	インド	1,380,004	2.2	2.9
	パキスタン	220,892	3.4	4.0
	バングラデシュ	164,689	2.0	3.1

表 5 − 2
アジアの主な国・地域の
人口及び合計特殊出生率

注：2021 年版世界子ども白書（ユニセフ）掲載の統計により作成。
　　2005 年合計特殊出生率は内閣府『平成 19 年版少子化社会白書』による。

❷　先進工業国の場合

　表 5 − 3 にみるように，先進工業国の 2020 年の合計特殊出生率をみると
アイルランド，フランス他の 1.8 が最も高く，いずれも人口置換水準（2.1
程度）を下回っている。1960 年代まではすべての国で 2.0 以上の水準に
あったが，1970 年から 80 年頃にかけて全体として低下する傾向となった。
1990 年頃から，出生率の動きは国により特有の動きをみせている。

　出生率が相当に回復してきた国としてスウェーデンとフランスがある。イ
ギリスの場合は 2001 年以降ゆるやかに上昇傾向に入っている。

　出生率が低い水準で推移しているのはドイツとイタリアであるが，ドイツ
は最近ゆるやかに回復している。

　アメリカでは 1990 年以降合計特殊出生率が 2.0 前後で安定している。日
本は低い水準が続いている。

地　域	国	1960 年	1970 年	1980 年	1990 年	2000 年	2020 年
北　部 ヨーロッパ	デンマーク	2.5	2.0	1.6	1.7	1.8	1.8
	フィンランド	2.7	1.8	1.6	1.8	1.7	1.5
	アイスランド	4.2	2.8	2.5	2.3	2.1	1.7
	アイルランド	3.8	3.9	3.2	2.1	1.9	1.8
	ノルウェー	2.9	2.5	1.7	1.9	1.9	1.7
	スウェーデン	2.2	1.9	1.7	2.1	1.5	1.8
	イギリス	2.7	2.4	1.9	1.8	1.6	1.7
南　部 ヨーロッパ	ギリシア	2.2	2.4	2.2	1.4	1.3	1.3
	イタリア	2.4	2.4	1.6	1.3	1.3	1.3
	ポルトガル	3.2	3.0	2.3	1.6	1.6	1.3
	スペイン	2.8	2.9	2.2	1.4	1.2	1.4
西　部 ヨーロッパ	オーストリア	2.7	2.3	1.7	1.5	1.4	1.6
	フランス	2.7	2.5	2.0	1.8	1.9	1.8
	ドイツ	2.4	2.0	1.6	1.5	1.4	1.6
	ルクセンブルク	2.4	2.0	1.5	1.6	1.8	1.4
	オランダ	3.1	2.6	1.6	1.6	1.7	1.7
	スイス	2.4	2.1	1.6	1.6	1.5	1.5
北アメリカ	カナダ	3.8	2.3	1.7	1.8	1.5	1.5
	アメリカ	3.6	2.5	1.8	2.1	2.1	1.8
オセアニア	オーストラリア	3.5	2.9	1.9	1.9	1.8	1.8
アジア	日本	2.0	2.1	1.8	1.5	1.4	1.4

表 5－3
先進工業国における合計
特殊出生率の推移

注：2020 年については，2021 年版世界子ども白書（ユニセフ）掲載の統計により作成。
1960 ～ 2000 年については，内閣府『平成 19 年版少子化社会白書』掲載の統計により作成

❸　女　性　労　働

　　図 5－1 により女性の年齢階級別労働力率をみると，日本では以前に比べ
ると落ち込みが減ったものの，依然として 20 歳代後半から 30 歳代にかけ

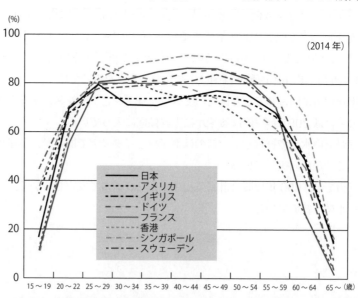

図 5－1
女性の年齢階級別労働力
率

（労働政策研究・研修機構
『データブック国際労働比較
2016』「2－5 女性年齢階
級別労働力率」）

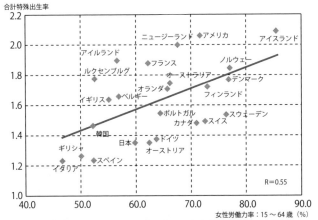

図 5 － 2
女性の労働力率と合計特殊出生率

（『少子化と男女共同参画に関する社会環境の国際比較報告書』平成 17 年 9 月　男女共同参画会議少子化と男女共同参画に関する専門調査会）

て比率が落ち込む M 字型カーブを描いている。女性労働者の多くが，結婚・出産・育児などのためにいったん退職し，その後育児に手がかからなくなり再就職していることを示している。こうした女性の就労行動はアメリカやヨーロッパでも 1970 年代にはみられたが，今日ではほとんどみられなくなり，図 5 － 1 のスウェーデン，フランス，ドイツ，アメリカのカーブのような台形型となっている。一方，アジアのシンガポール，香港は 20 歳代をピークに下がり続け，子育て後の再就職というパターンが少ないことを示している。

　図 5 － 2 にみられるように，OECD 加盟 24 か国においては，2000 年のデータで，15 ～ 64 歳の女性労働力率と出生率は正の相関関係を示している。つまり，女性の社会進出が進んでいる国ほど合計特殊出生率も高い傾向にある。この中で日本は，女性労働力率も出生率も比較的低い水準に位置する。

　ただし，OECD 諸国の 1970 年のデータでは出生率と女性労働力率は負の相関関係，つまり働く女性が多いほど出生率が低いという関係がみられた。これが 1980 年代の半ばを境に関係が変化した。各国とも女性労働力率が上昇する中で，日本やイタリアのようにほぼ一貫して合計特殊出生率が下がり続けている国と，1980 年代の半ば以降，アメリカやオランダ，ノルウェー，デンマークのように出生率が回復してきている国があることによるとみられる。

　以上のように，女性労働の状況は国によって差異がある。参考に表 5 － 4 として，前田正子氏が整理した 6 か国の女性の働き方の比較を紹介しておきたい。

国　名	働き方のライフコース
スウェーデン	就労の継続型（フルタイム・パートタイムの選択可能） 福祉分野や公務員に集中。重要な労働力であるが，職業の性別分業が見られる。
フランス	フルタイム就労の継続型（週35時間労働制で元々の労働時間が短い） 北欧と並んで乳幼児を持つ母親の就業率が高く，継続就労でしかもフルタイムで継続するのが一般的である。
ドイツ	自力で保育が調達できるエリートのみ子どもを産んでも継続就労できる。無子割合が高い。
オランダ	短時間就労が中心。 1.5稼動モデルで夫はフルタイム，妻はパートで家事労働をやりくり。サービス業におけるパート労働が中心。
日　本	出産で退職・パートで再就職。企業の人件費削減の中で，急速に雇用の非正規化が進む。 一部の優良企業などで女性の戦力化が進む一方で，補助職やサービス業・製造業におけるパート労働が多い。
米　国	その時々の状況に合わせ，労働条件を変える（比較的容易な転職）。女性の二極分化が進む。 エリートは手厚い保護とさまざまな家事サービスを買う財力がある。低賃金の女性は，保護がないため，いったん就労を中断したり，自分の就業を調整する。

表5−4
6か国女性の一般的な働き方のライフコース

（前田正子『子育てしやすい社会』ミネルヴァ書房　2004）

4　子育てに関する生活と意識

1　子育てにおける父親と母親の役割

　図5−3は内閣府が実施した国際意識調査（「少子化社会に関する国際意識調査」2020年に日本，フランス，ドイツ，スウェーデンの4か国の20歳から49歳までの男女に実施）において，「夫は外で働き，妻は家庭を守るべきである」という伝統的な考え方について，聞いた結果である。日本では「賛成」「どちらかといえば賛成」をあわせた『賛成』が42％で，「どちらかといえば反対」「反対」をあわせた『反対』57％である。『反対』は，フランスが76％，ドイツは64％，スウェーデンは95％である。

　このような性別役割分担についての意識は，家庭内の育児における父母の関わりに大きな影響を及ぼしているであろう。図5−4は，同じ内閣府の調査で，就学前の子どもの育児における夫・妻の役割についての考えを聞いたものである。日本では「もっぱら妻が行う」，「主に妻が行う」をあわせて58.1％が主に妻が行うものであると考え

図5−3
「夫は外で働き，妻は家庭を守るべきである」という考え方について

（内閣府「少子化社会に関する国際意識調査」2020）

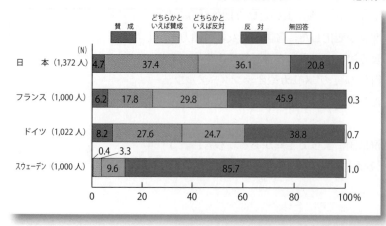

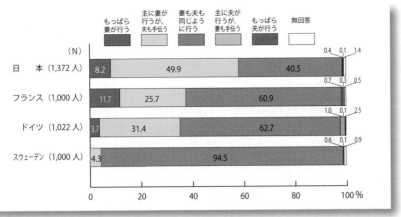

図5－4
就学前の子どもの育児における夫・妻の役割について

（内閣府「少子化社会に関する国際意識調査」2020）

ている。フランス，ドイツでは「妻も夫も同じように行う」が半数を超え，スウェーデンはそれが圧倒的である。

　次に，国立女性教育会館による調査（「平成16年度・17年度家庭教育に関する国際比較調査」日本，韓国，タイ，アメリカ，フランス，スウェーデンの12歳以下の子どもと同居している親あるいはそれに相当する人を対象に実施）により，子育てにおける父母の役割の実際をみてみよう。

　図5－5は子どもと一緒に過ごす時間であるが，日本，韓国は父親が子どもと過ごす時間は3時間前後と短く，母親との差が大きいが，タイ，アメリカ，フランス，スウェーデンは父親の接触時間は日本より長く，母親との差は小さい。

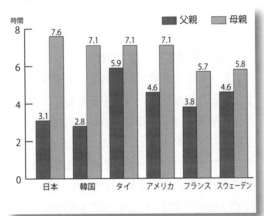

図5－5
子どもと一緒に過ごす時間についての国際比較

（国立女性教育会館「平成16年度・17年度家庭教育に関する国際比較調査」）

❷　親になることについての経験・学習

　表5－5は，子どもを育てている人が，親になる前に子育てについてどのような学習・経験をしたかについて聞いたものである。日本の親は，親になる前に子どもの世話をした経験が少なく，本に頼りがちな傾向が見られ，これは韓国も同様である。他の4か国は子どもの世話をした経験が比較的上位にきている。親戚や知人の子どもの世話とともに，アメリカ，フランス，スウェーデンではベビーシッター経験者が多い。親になる前に少年少女時代に幼い子どもと責任を持ってかかわる経験をしていること，そして親にとっても近所に育児の手助けを気軽に頼める少年少女がいる，ということの意味は大きい。

	日　本	韓　国	タ　イ	アメリカ	フランス	スウェーデン
第1位	育児の本を読んだ 29.9	育児の本を読んだ 25.0	親戚や知人の子どもの世話 35.1	親から教えてもらった 54.6	小さい弟や妹の世話をした 28.1	親戚や知人の子どもの世話 38.8
第2位	親から教えてもらった 29.4	テレビなどで学んだ 14.8	小さい弟や妹の世話をした 32.4	親戚や知人の子どもの世話 39.2	親から教えてもらった 27.4	親から教えてもらった 38.7
第3位	親戚や知人の子どもの世話 28.6	親戚や知人の子どもの世話 14.2	親から教えてもらった 23.1	よその家のベビーシッター 37.7	親戚や知人の子どもの世話 19.3	よその家のベビーシッター 36.5
第4位	小さい弟や妹の世話をした 18.2	親から教えてもらった 11.2	育児の本を読んだ 11.4	小さい弟や妹の世話をした 36.0	よその家のベビーシッター 18.8	小さい弟や妹の世話をした 31.7
第5位	テレビなどで学んだ 11.3	学校の授業で学んだ 5.7	テレビなどで学んだ 8.0	育児の本を読んだ 25.5	育児の本を読んだ 15.5	育児の本を読んだ 31.1
第6位	地域の学級・講座に参加 10.9	小さい弟や妹の世話をした 4.9	よその家のベビーシッター 5.0	学校の授業で学んだ 13.2	テレビなどで学んだ 6.3	地域の学級・講座に参加 19.8
第7位	学校の授業で学んだ 6.6	地域の学級・講座に参加 3.4	学校の授業で学んだ 1.0	地域の学級・講座に参加 11.4	学校の授業で学んだ 4.2	学校の授業で学んだ 19.3
第8位	よその家のベビーシッター 1.4	よその家のベビーシッター 0.9	地域の学級・講座に参加 0.6	テレビなどで学んだ 10.8	地域の学級・講座に参加 2.0	テレビなどで学んだ 11.2
平均回答項目数	1.36	0.80	1.17	2.28	1.21	2.27

(%)

**表5－5
親になることの経験・学習**

（国立女性教育会館「平成16年度・17年度家庭教育に関する国際比較調査」2006）

❸　子育てしやすい社会

　表5－6は，子育て中，あるいは子育て経験のある人に，子育てにあたって利用した制度を聞いたものである。日本では幼稚園，保育所という保育施設の利用をあげているものが多い。放課後児童クラブ，地域における子育て支援サービスの利用は，以前より増えてきている。これに対して他の3か国は，それぞれの国によって事情はちがうが，それぞれの親が様々な制度を活用している。日本においてもここにあげられたほとんどのものが制度化されているが，メニューはあっても実際には利用されていないという状況がうかがわれる。それはどのような理由からであろうか，十分に研究した上で施策の改善が必要であろう。

　図5－6は自分の国が子どもを生み育てやすい国だと思うか聞いたものである。ここには，全般的な子育て環境や，子育て支援施策への評価が表れていると思われるが，日本では「どちらかといえばそう思わない」と「全くそう思わない」をあわせた『そう思わない』が61.1％を占め，「とてもそう思う」と「どちらかといえばそう思う」をあわせた「そう思う」38.2％を上回っている。一方，スウェーデン，フランス，ドイツは，自分の国が子育てしやすい国だという回答が多い。

	日　本	フランス	ドイツ	スウェーデン
出産・育児に関する休暇制度	23.4	50.4	54.0	90.4
短時間勤務制度（1日の勤務時間を所定労働時間よりも短くして働くことができる制度）	9.6	13.4	30.4	36.8
テレワーク・在宅勤務（情報通信技術を活用した，場所や時間にとらわれない働き方・自宅を就業場所とする働き方）	3.5	6.0	17.2	28.1
子供の看護のための休暇制度	9.2	20.6	12.5	75.0
保育所（認可以外の保育所, 保育園等を含む）	40.6	26.2	51.6	79.6
保育ママ・ベビーシッター	1.3	32.0	21.9	11.0
企業が従業員のために作った託児所	3.1	1.2	4.2	0.6
幼稚園	32.8	31.8	16.5	61.1
放課後児童クラブ	23.9	21.8	23.2	59.5
地域における子育て支援サービス（ファミリーサポート，つどいの広場）	12.9	2.8	5.1	37.0
その他	0.5	―	0.9	1.0
特にない	14.1	12.2	11.6	1.7
無回答	9.4	0.2	0.4	1.9

N＝日本 752，フランス 500，ドイツ 448，スウェーデン 519

表5－6
子育てにあたって利用した制度

（内閣府「少子化に関する国際比較調査」2020　単純集計結果により作成）

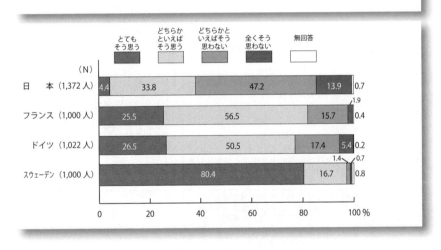

図5－6
あなたの国は子どもを生み育てやすい国かどうか

（内閣府「少子化社会に関する国際意識調査」2020）

⑤　子育て支援関連制度・施策

最後に，子育て支援にかかわる施策の国際比較を示しておこう。

❶　出産休暇制度

出産時の休業制度として出産休暇がある。わが国では労働基準法により，出産前6週間，出産後8週間の合計14週間であり，女性労働者の母性保護の意味とともに，子育てのスタートの最低限の安全を図るものでもある。

表5－7にみるように，主要国ではアメリカ以外で制度化されている。休暇の期間は国により異なり，最も長いイギリスの52週は育児休業の役割も果たしている。出産休暇は女性（母親）を対象とした制度であるが，各国で出産時の「父親休暇」の制度化もすすめられてきた。

表5－7
出産休暇の各国比較

（厚生労働省編『世界の厚生労働2016』を参照して作成）

国	概　要	出産休暇中の手当	出産時の父親休暇
アメリカ	●家族及び医療休暇法による12週間の休暇の理由の一つとして出産が位置づけられている。		
イギリス	●出産休暇：母親に最大52週。両親共有休暇：出生後2週間以降，取得できる。	●出産給付：最長39週，平均賃金の90％。両親共有給付。	●父親休暇：出産後8週間以内に1週間又は連続した2週間。休暇期間中事業主は週139.58ポンド支払う（2015）。
ドイツ	●母性保護法により，事業主は産前6週，産後8週の保護期間中，就労させてはならない。	●母性手当：就労禁止期間中，平均賃金相当額。	
フランス	●出産休暇：最低8週間（産前2週，産後6週）取得させることが義務，最大16週間〈産前6週，産後10週〉取得が認められる。	●出産休暇手当：医療保険制度から休暇前賃金と同額	●父親休暇：子どもの誕生から4か月以内に11日間〈多胎の場合18日〉休暇期間中は医療保険制度から賃金の日額基本給と同額支給。他に，労働法典により，父親は母親の出産時に3日の休暇を取得できる。
カナダ	●出産休暇：出産予定日の11週前から産後17週までの間の最大17週間。	●雇用保険の出産給付：被保険者期間の平均賃金の55％が最大15週間給付される。	
スウェーデン	●妊娠休暇：両親休暇法により産前産後少なくとも7週間ずつ取得する権利，前後2週間ずつは義務。	●妊娠手当：両親保険制度により，出産直前の2か月間のうち最高50日間支給。従前所得の80％。	
日　本	●労働基準法により産前6週，産後8週。	●健康保険法に基づき，出産手当金として標準報酬日額の3分の2を支給。	

❷　育児休業制度

育児休業制度は，一定の時期育児に専念することを保障し，利用者にとって生涯というスパンで子育てと仕事の両立を可能にする施策である。わが国では育児・介護休業法（育児休業・介護休業等育児又は家族介護を行う労働者の福祉に関する法律）に基づき，子どもが1歳に達するまでの育児休業および，就学前の子どもの病気やけがの場合の看護休暇が定められている。

表5－8にみられるように，育児休業（休暇）は各国で制度化されているが，期間の長短や休業中の所得保障の有無，内容は様々である。

国	育児休業の概要（名称，期間等）	休業中の手当
アメリカ	●家族および医療休暇法による 12 週間の休暇の理由の ひとつとして，家族の介護や本人の療養とともに「育 児」が位置づけられている。子の誕生から 1 年以内。	●休業給付なし。
イギリス	●両親休暇。実親，養親を問わない（里親は対象外）。 一人の子につき，子が 18 歳となるまでの間の 18 週間。 ただし，一人につき 1 年間に最大 4 週間まで。（表 5 － 7 にみるように，52 週まで取得可能な両親共有休 暇がある）	●休業給付無し。
ドイツ	●両親休暇：子どもが 3 歳になるまで，事業主に対し て請求することができる。36 か月の無給の両親休業 期間のうち，24 か月を限度として子どもが 8 歳にな るまでの期間に休暇を持ち越すこともできる。休暇 は被用者である両親の間で分担して取得することも，両親の一方が単独で又は同時に取得することもでき る。	●両親手当：連邦両親手当及び両親休暇法により，育 児のために休業もしくは部分休業をする親に。子ど もの出生前の所得の 67% を保障する。支給期間は子 の出生の日から 14 か月までの間。両親の一方につい て最大で 12 か月分を請求できるが，両親ともに 2 か 月以上子育てに参加する場合は二人あわせて最大 14 か月分を請求することができる。ひとり親の場合は 最初から 14 か月分を請求できる。
フランス	●育児休暇制度。子どもが 3 歳になるまで①全日の休 暇，または②パートタイム労働への移行のいずれか を選択できる。父母ともに取得でき，同時取得も可。	●無給。育児休暇の主たる取得者（最長 6 か月）に引 き続き，従たる取得者（最長 6 か月）も育児休暇を 取得する場合は，乳幼児受入手当のひとつ「育児分 担手当」を最長 1 年間まで支給。第 2 子以降につい ては，両親あわせて 3 年間受給できるが，そのため には主たる取得者が受給できるのは 2 年間まで，従 たる取得者が 1 年間育児休暇を取得しなければなら ない。
カナダ	●連邦法で，出産日または実際に育児をすることが 必要になった日から 52 週以内の間で最大 37 週間 の休暇が認められている。	●育児給付：雇用保険の出産育児給付が適用され，平 均賃金の 55% が最大 35 週間給付される。
スウェーデン	●育児休暇：両親は子どもが 18 か月に達する迄の間，フルタイムの休暇を取得できる。両親手当の支給が ある間は部分休暇を取得できる。また，両親手当の 支給なしで，子どもが 8 歳になる前又は小学校 1 年 生を終わるまでの間，最大 4 分の 1 の時短勤務の権 利がある。	●両親手当。子どもの出生・養子縁組に際し，育児休 業をした期間について，合計 480 日間支給される。 父親，母親はそれぞれ 240 日間の受給権を有するが，90 日間を除いて父母間で受給権を移転できる。390 日間までは所得の 80% 相当額。残りの 90 日間は一 律日額 180 クローナ。
日本	●育児休業。取得条件は，男女を問わず，労働者が対象。有期雇用者については条件付で適用。子が 1 歳にな るまでの間に取得できる。保育所に入所できない，養育をしている配偶者が養育困難になったなどの事 情がある場合 1 歳 6 か月まで認められる。	●雇用保険法による育児休業給付金として給与の 67%（6 か月）その後 50% が支給される。

❸　保育サービス

　保育サービスは乳幼児の生活と発達のための施策であるとともに，親に とっては毎日の生活の中で仕事と育児の両立を可能にするサービスである。わが国では児童福祉法による保育所を中心に，その類似施設や，家庭的保育 事業などが行われている。

　保育サービスの状況は，それぞれの国の歴史的経過を背景に国によりかな り差がある。フランスでは家庭的保育サービスが中心である。スウェーデン では施設型が発達しているが，日本のような幼稚園と保育所という二元体制 はなく保育所型に統一されており，育児休業の普及により 0 歳児保育はほ とんどみられない。イギリス，ドイツは保育サービスの整備が遅れている。アメリカでは全国共通の制度はなく，州によって制度が定められており，公 的サービスは限定的で民間サービスが中心である。

表 5 － 8
育児休業制度の各国比較

（厚生労働省編『世界の厚生 労働 2016』を参照して作 成）

❹　児童手当等

　子どものいる世帯に対する経済的支援として，現金給付（児童手当等）と税制（所得税における扶養控除等）をあげることができる。わが国では現金給付制度と税制による支援が併行して行われ，前者については一般家庭（所得制限あり）に対する児童手当法による児童手当の支給が行われてきた。2010年一般家庭に対する「子ども手当」が創設され，対象が広がり支給額も上がったが，2012年に廃止され，税制による支援も廃され児童手当一本となった。また，母子家庭等を対称に児童扶養手当，障害のある子どもを養育する家庭に対しては特別児童扶養手当の制度が実施されてきた。

　表5−9は各国の状況を示している。経済的支援が最も手厚いと言われているのがフランスであり，「家族手当」（児童手当），「乳幼児迎入れ手当」など充実した手当制度があり，他に税制においてもN分N乗方式という独特の方法で子どもが多くなるほど所得税負担が緩和されている。スウェーデンも経済的支援は充実しているが，税制による支援はなく児童手当に一本化されている。ドイツ，イギリスでは児童手当と税制による控除が実施され，アメリカでは児童手当はなく，所得税制による経済的支援が行われている。

（松本園子）

国名	日本	アメリカ	イギリス	ドイツ	フランス	スウェーデン
児童手当等 支給対象	・第1子から ・中学校修了まで		・第1子から ・16歳未満（学生又は就労訓練中の者は20歳未満）	・第1子から ・18歳未満（失業者は21歳未満、学生25歳未満）	・第2子から ・20歳未満（月の収入が893.25ユーロ（約12万円）を超えない児童に限る）	・第1子から ・16歳未満（学生は18歳まで）
児童手当等 支給月額（2015年）	・3歳未満1.5万円 ・3歳以上小学校修了前1万円（第3子以降は1.5万円） ・中学生1万円 ＊所得制限額以上の者に対しては、当分の間の特例給付として、一律0.5万円を支給。	制度なし	・第1子週20.50ポンド（月額換算約1.5万円） ・第2子以降週13.55ポンド（月額換算約1.0万円）	・第1・2子184ユーロ（約2.5万円） ・第3子190ユーロ（約2.5万円） ・第4子以降215ユーロ（約2.9万円） ＊低所得者に加算あり	・第2子129.35ユーロ（約1.7万円） ・第3子以降165.72ユーロ（約2.2万円） ＊14歳以上に加算あり64.67ユーロ（約0.9万円）	・第1子1,050クローネ（約1.5万円） ・第2子1,200クローネ（約1.7万円） ・第3子1,504クローネ（約2.1万円） ・第4子2,060クローネ（約2.9万円） ・第5子以降2,300クローネ（約3.2万円）
児童手当等 所得制限	・あり（2012年6月〜） ・年収960万円（夫婦と児童2人世帯）		・あり（2013年1月〜） ・年収60,000ポンド（1,100万円） ＊年収50,000ポンド（920万円）以上は減額	なし	なし ＊一定所得以上の者に対する減額の仕組みが2015年から設けられる見込み	なし
税制 とられている措置（2015年）	なし	・被扶養者の所得控除に加えて、17歳未満の扶養児童は児童税額控除あり	・児童税額控除あり	・児童扶養控除、養育教育控除あり（児童手当との選択制）	・子どもの多い世帯ほど税負担が軽減（N分N乗方式）	なし

表 5 − 9　児童手当制度等の各国比較（2015 年）

注：1　換算レートは、平成27年11月中の基準外国為替相場及び裁定外国為替相場による。
1ユーロ＝134円、1ポンド＝184円、1クローネ＝14円
2　ドイツでは、別途3歳未満の児童を保育所等に入所させずに家庭において保育する親に対して支給する保育手当がある。
2013年8月〜：満1歳である（2歳未満の）児童を対象に月額100ユーロを支給
2014年8月〜：満1歳及び満2歳の（3歳未満の）児童を対象に月額150ユーロを支給
3　厚生労働省「2014年　海外情勢報告」、JILPTデータブック「国際労働比較2015」等による。

資料：国立社会保障・人口問題研究所「社会保障統計年報データベース」（2016年12月アクセス）第335表「主要国の児童手当制度等」

2　スウェーデンの子育て家庭支援

1　国家主導で男女平等の福祉国家づくりを進める

　スウェーデンはヨーロッパの北部に位置し，ノルウエー，フィンランド，デンマークと並んで北欧諸国の一員である。現在人口は約950万人，ちょうど東京都23区と同じくらいである。国土は日本にもう一つ北海道を足したくらいの広さがあり，人口密度は日本に比べれば非常に低い。北欧諸国はそれぞれ福祉国家としての道を歩んでおり，スウェーデンも男女平等と福祉の充実を着々と進めてきた国である。

　しかし19世紀末頃のスウェーデンは貧しい農業国であり，寒さと飢えに悩む国であった。1930年頃まで，アメリカなど海外へ100万人以上が移民したという。その後，社会民主主義政権の下，平和を維持し，豊かな資源と技術力を生かして工業化を進め，先進工業国に飛躍した。比較的早く人口の高齢化が進んだこともあって，1950～60年代の高度経済成長期には女性労働力を活用するため，育児休業や保育制度など，仕事と子育ての両立支援施策を整備してきた。

OECDのデータ：
「雇用アウトルック2019」から。パートタイム就業人口は女性17.4％，男性10.3％。日本は女性38.3％，男性10.3％である。

　その結果，OECDの最新データによると現在15歳から64歳の労働人口の男女の雇用率は，男性79.2％，女性76.3％とほとんど差がない。スウェーデンは文字通り男女共働きの国であり，専業主婦がいない国といってよい。子どもたちは両親が働く（父親の85％，母親の80％が働いている）家庭で育てられる。厳しい自然条件のなかで協力して生きてきた国民は，男女差をはじめ様々な差別のない普遍主義的な福祉国家を目指して，国家主導で福祉を充実，北欧の先進福祉国家の一員として世界に知られるまでになった。

　政治と利権を切り離し，汚職を一掃，選挙の投票率は80％以上であり，国民がみずからの意思で選択した政府への信頼は厚い。税金は高いが，「ゆりかご」以前つまり生まれる前から墓場まで，保育，教育等の子育て費用をはじめ，保健医療，老後の介護，障害者福祉等，生涯安心して暮らせる手厚い高福祉を実現した。充実した社会保障のしくみを維持するための必要経費として国民は高負担を受け入れている。

母親が最も子育てしやすい国：
「Mother Index Ranking」として，Save the Children（子どものための民間国際援助団体（NGO）が女性および子どもの福利厚生に関する得点を総合して作成した指標。2015年スウェーデンは第5位だった。北欧諸国が上位を占めている。

　国を挙げての徹底した男女平等政策の下で，両親が子育てする環境・条件も整備され，女性の就業率が高い国でありながら，**母親が最も子育てしやすい国**としても世界のトップグループの地位にいる。

❷　1歳までは家庭で育てる

　フランスのように歴史的，伝統的に子どもを他人に預けることに比較的に抵抗の少ない国とは異なり，スウェーデンでは，少なくとも1歳までは家庭で，親の手で育てるべきだという考え方が支配的である。かといって日本のように母親ひとりに責任を負わせるわけではない。男女平等の観点から父親の育児参画を促進するために様々な工夫を重ねており，育児休業取得促進をはじめ，父親支援，父親教育等にも熱心に取り組んできた。

　また，企業も親になることで人間的に成長するとして男性の育児休業に寛大である。なかには国の規定を上回る休業中の所得保障をする大企業も少なくない。国民は充実した育児休業を最大限利用して子育て期を楽しんでいるといえる。

❸　子育て家庭支援施策

　スウェーデンは国家主導型で福祉政策を進めており，子育て家庭政策の目的は以下の3つを基本的な目標としているという。

❶　子どものいる世帯といない世帯との生活条件を平等にする。

❷　両親が共に職業と家族的責任とを両立できる機会を与える。

❸　ひとり親，子どもの障害など弱点のある家族に特別な支援をする。

　具体的には，①児童・家族給付，②保育，③両親保険等があり，妊娠・出産・育児に関わる医療や公教育は無料である。

　スウェーデン政府は，税金は高いが，その大部分はワークライフバランスのよい社会維持のために使われていると自負している。政府はインターネットのホームページの中で，自らファミリー・フレンドリーな国として10項目にわたる特徴を挙げて自慢している。

❶　妊娠期の手厚い手当：出産前から様々な知識と知恵を学ぶ学習の機会が無料もしくは補助金付きで提供される。建築関係等，重労働の仕事に就いている場合は短時間勤務に切り変えたり，妊娠後，60日間出産予定日まで賃金の80%の妊娠手当が社会保険局から支給される。

❷　国際的にも超高水準の480日の育児休業と育児給付の制度がある。390日は賃金のほぼ80%を支給，残り90日は定額を支給される。そのほかに子どもが8歳になるまで通常の労働時間を25%短縮する権利も認めている。ただし賃金は労働分のみの支給となる。

❸　男女平等を目指して，480日の育休は父母で半分ずつ240日ずつ取得するよう努力しており，90日は父母それぞれの独自の権利として互いに譲りあえない仕組みである。現在，全育児休業日の4分の1は

父親が占めており，さらに改善に努めている。

❹ 子どもが16歳になるまで育休手当のほかに児童手当がある。子ども
それぞれに支給され，6人の子どもなど多子家族にはさらにプラスの
家族サポートが支給される。

❺ スウェーデンでは子どもの教育費を親が負担しなくてよい。6歳から
19歳まで給食付の教育が無償で保障されている。EU諸国からの学生
は無償であり，それ以外の学生は支払う。

❻ 医療費も歯科も含めて無料である。給付金付き病欠が認められ，給与
の約80%が支給される。

❼ 公共交通機関が整備されており，建物はバリアフリーが行き届き，障
がい者や親子連れ等が使いやすくなっている。公共のバスでは中央付
近の大きなドアを使って乳母車を楽に乗せられる。

❽ 子ども図書館は全国各地に整備され，リンドグレーン（「長靴下のピッ
ピ」の作家）など世界的にも有名な児童文学作家が輩出している。

❾ 公共の場所は赤ちゃんにやさしい心配りがなされており，授乳やおむ
つ交換台，子どもための遊び場などが数多く設置されている。

❿ 子どもが病気の際は看護休暇制度があり，病気で休んだ場合も病欠手
当が支給される。子どもが12歳までは年間120日の看護休暇が保
障されている。

④　父親も育児休業が当たり前

パパ・クオーター：
父親のみが取得できる育
休育児休業で母親には
譲れない期間。2002年
からは2か月，2016年
からは3か月に延長さ
れた。父親の育休期間は
育休全体の約4分の1
を占めている。

両親保険制度：
基本的な財源は税金と住
民登録のあるすべての国
民が16歳から掛ける「両
親保険」（掛け金は事業
主が替わって納める）で，
子どもが生まれると国籍
や就労に関係なく，180
日以上社会保険事務所に
登録していれば，なんら
かの手当てを受給でき
る。

育児休業は男性の育児参加促進の戦略として重視されている。北欧閣僚会
議の「父親の育児休業」研究では，父親の育児休業促進のために重要な5つ
のポイントが挙げられている。

❶ 独立した個人の権利であり世帯単位ではない

❷ 母親に移譲できない期間の設定（パパ・クオーター制）

❸ 柔軟な内容の制度（全日型，半日型など多様な取得形態の設定）

❹ 生後半年位から男性が取得しやすくする（授乳との関係に配慮）

❺ 高水準の収入補償制度の整備

父親の育児休業取得率は男性の育児遂行の重要な指標と考えられている。
1974年，男女が取得可能な育児休業を世界で最も早く制度化し，収入補
填制度として「両親保険」を創設した。以後，着々と拡充してきている。
1995年にはパパ・クオーター制を導入し，育児休業全体を改善した。今
や育児休業取得率はノルウエー，スウエーデンでは母親90%以上，父親も
80%近くと突出した高さを誇っている。

　そのほかにも男性保育者のネットワークづくり，父親になることを学ぶピアカウンセリング，男性のための相談事業，家庭内暴力加害者更正プログラムなどが発展している。男性が父親役割として，子どもの扶養者・稼ぎ手から子どもの世話をする役割を引き受けられるよう，支援を充実させている。男女平等の社会を築くには，「社会生活のあらゆる領域で男女が等しい機会を持ち，互いに責任を分かち合うことが大切」であり，育児においても，母親も父親も共通の育児力を持ち，子育てを分かち合うことが求められるが，スウェーデンでは父親が育児休業を取得するよう様々な促進政策を実施した結果，取得はごく当たり前のことになった。また保育所には男性保育者を増加させてきた。父親は働き手であるだけではなく，ケアをする人として新たな父親像を創造してきたといえよう。

5　保育政策と育休中の親子支援

　スウェーデンの保育所は小規模で家庭的な環境と雰囲気がある。食堂，台所，遊びの空間，ベッドルームなど，家庭をひとまわり大きくしたような設計になっている。保育は1〜3歳，3〜6歳の異年齢の縦割り集団で行われる。保育者と両親は大変親しく，協力して子どもを育てている。

スウェーデンの保育率：0歳は0％，1歳は49.5％，2歳以上は90％以上と非常に高い。（スウェーデンの学校庁統計2009）

　1970年代以降保育ニーズは増大し続け，入所待機児リストは膨れ上がった。国は1995年地方自治体に対して，遅滞なく保育サービスを提供すべき義務を強化し，保育施設は集中的に拡充された。その結果，今では待機児問題はほとんど解消されている。

　また，1996年，保育問題担当省庁が社会省から教育省に移され，福祉としての「保育」からすべての子どもに対する「就学前教育」へと転換した。保育制度は生涯教育の一環として位置づけられ，充実発展している。

写5-1　食堂でおやつ（2歳児）

　専業主婦のいた頃は親子で自由に遊びにいける場として公開保育室が日本の親子ひろばのような機能を果たしていた。専業主婦がほとんどいなくなった現在は育休中のゼロ歳児と親，家庭で保育する保育ママの集う場となり，ストレス軽減，親教育が目的になっている。

　最近では生涯教育を一貫して行うファミリーセンターに統合される例もあり，公開保育室は年々減少している。

写5-2　ソファーでゆったりと絵本を読む

⑥　子育てしやすい国 ── 出生率の回復

　スウェーデンは日本やヨーロッパ各国と同様に 1970 年代には少子化が進行した。そこで国は「いかにすれば出生率が上がるか」という方針ではなく，「人々の出産行動を抑制している要因は何か，どうすれば打開できるか」という観点から現実的な解決策を探ってきた。そして，男女平等や社会的平等，ワークライフバランスの観点から，女性のみが「仕事か，子育てか」という二者択一を迫られることのない社会の実現に，いっそうの努力を傾けたのである。（図 5 − 7）

　まず，子どもを育てながら仕事ができる条件を整備した。男女平等の子育てを目指すいっそう充実した両親保険や保育施設の公的拡充による待機児解消，そして拡大した保育や介護などの公共事業に母親たちを積極的に雇用して，安定した収入を確保できるようにした。その結果，経済状況の好転も相まって，1980 年代後半には出生率が上昇し，1990 年には 2.13 まで回復した。労働の領域においても，子育ての領域においても「男女が等しい機会を持ち，互いに責任を分かち合う」ことを目標に徹底した施策を重ねた結果といえよう。

　その後，1990 年代後半の出生率の減少を乗り越えて，2000 年代には上昇傾向を取り戻したが，2017 年には再び 1.69 まで減少している。20 歳代から 30 歳代前半が減少し，40 歳代前半が増加するという新たな状況に直面している。子育て家庭支援政策に明確なビジョンを持ち，世界トップレベルの子育てしやすい国を築いてきたスウェーデンは，今後もさらなる挑戦を続けることだろう。

（福川須美）

**図 5 − 7
スウェーデンの出生率の
推移と家族政策**

（内閣府「主要国の家族政策
と家族関係社会支出の国際
比較」より）
（Council of Europe : Recent
demographic developments
in Europe 2003,2003-2006
は Sweden Statistics による。
日本は厚生労働省：人口動
態統計）

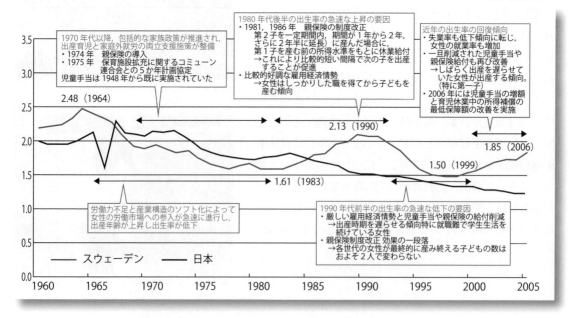

3　カナダのファミリーサポート

　カナダはサラダボウルの国あるいはモザイクの
国といわれ，人口約 3,725 万人（2018 年カナダ
統計局推計：外務省），10 州と 3 準州からなる国
である。多くの移民を受け入れ様々な国の人々が
共存するカナダのファミリーサポートはどのよう

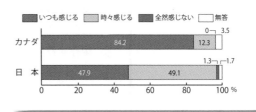

図5－8
子育ては楽しい

（カナダの子育て家庭支援研
究会　2001）

なものであろうか。子育てに関する日加の親の意識調査による（2001）と，
カナダの親は子育てを楽しんでおり（図5－8），子どもを持って自分も成
長したと子育てを肯定的に捉えている（図5－9）ことがわかる。3歳未満
児の養育では親から離れて時々プレイグループなどの保育を経験する方がよ

いと考えるカナダ人は多く（66.7％），親だけで
はなく社会で子どもは育つとの社会的な視点があ
る。責任を親の肩だけに負わせがちな日本の社会
とは，子育てへの社会的認識が異なっているとい
える。カナダは，自分が育った文化を大切にしな

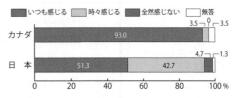

図5－9
子どもを持ち自分も成長

（カナダの子育て家庭支援研
究会　2001）

がらカナダになじんでいくという多民族，多文化主義を掲げている。違いを
認め人々が共生し健康な生活を送ることを目的として，カナダのファミリー
サポートは進められている。

❶　ファミリーサポートの基本的なスタンス

　子育て家族への支援は，1970 年代からの市民による草の根の運動から始
まっている（小出まみ　1999）。各地域でそれぞれの特徴に合わせて子育て
家庭のあらゆるニーズに応じてきた。玩具を貸し出すおもちゃライブラリー
の活動は，カナダおもちゃライブラリー協会（1975 年）からファミリー・
リソース・プログラム協会（FRP Canada　1988 年，現在は Canadian
Association of Family Resource Program：以下 FRP カナダ）へと再編された。
2002 年 FRP カナダは，各地で多様に展開されてきたファミリーサポートの
共通の原則的指針を，12 項目（表5－10）にまとめた。また，カナダ父親
支援者全国大会（2015）の呼びかけ団体ともなった。民間の活動を活用す
るように行政との協働が成り立っている国である。
　カナダは 1991 年の子どもの権利条約の批准を受けて，Community
Action Program for Children（CAPC）を 1992 年からスタートした。0か
ら6歳の子どもを対象として，連邦政府が予算化（年間 5,290 万カナダド
ル）した。実際の事業は各州や市，ＮＰＯ等が取り組む。したがって，内

移民の受け入れ：
2000 年以降年間約 20
〜 25 万人程度（井出和
貴子「カナダ：移民先進
国が直面する問題」大和
総研 2014）を，2017
年には 28 万 6 千人以
上の移民を受容れた。
2021 年までの 3 年間で
100 万人以上の移民受
け入れ計画をカナダ議会
は決定（2018 年）

カナダ：
カナダに関しての情報
は，ＩＴの "カナダ大使
館" やカナダ観光局の
ホームページ（http://
www.canada.jp）で得ら
れる。

3歳未満児の養育：
3歳未満児は時々親から
離れてプレイグループや
家庭的な保育を経験する
方がよいと回答した日本
人の親は，34.2％で，カ

134

ナダの約半数であった。
日本人の親たちは，子ど
もを預けることに積極的
ではなく，預けるなら保
育園などの専門家か親族
と考えている。

● ファミリーサポート・プログラムを実施する私たちは

① 支援する必要のない家庭はないという考えに基づき，すべての家庭に開かれている
② 現存する各種サービスを補完し，ネットワーク作りや連携をはかる。また，家庭の子育て力を高めるための政策・サービス・制度を擁護する
③ 要求されたニーズに応えるため，家庭や地域と連携する
④ 健康の促進に焦点を当て，予防的な手法での働きかけを行う
⑤ 個人や家庭，地域それぞれに機会を与え，より力をつけることを目指す
⑥ 家庭生活は互いに依存する性格を持つという ecological（生態学的）な視点に基づき活動をする
⑦ 相互扶助や仲間同士の支えあいを奨励する
⑧ 子育てとは終わりのない学びの過程だと確信する
⑨ 自主・自発的なプログラムへの参加を大切にする
⑩ 平等で，多様性を認める関係づくりをすすめる
⑪ 家族一人ひとりの安全を保障するため，暴力を許さない
⑫ どんなプログラムをするか，どのように実施するか，常に改善する努力を続ける

表5－10
カナダのファミリーサポートの指針

（2002　FRP カナダ）
（福川須美（代）「非営利・協同組合ネットワークの子育て支援のあり方に関する国際比較－カナダと日本をみる－」2005）

容は州によって異なるとも言える。連邦政府の補助金を受けて，オンタリオ州では子育て支援の拠点アーリー・イヤーズ・センター（Ontario Early Years Centre：OEYC　2001 年）を開始した。2006 年に連邦政府からの資金はなくなったが，2017 年まで州政府と市民の協働により OEYC の事業は継続された。ボランティアはカナダそのもの（M.Tomas，2001 年）と言うように，カナダは市民を尊重する政府と地域作りに参加する市民とで形成されている。2015 年連邦政府の補助金の復活後は，それまでの OEYC やチャイルドケアリソースセンター（Child Care Resouce Centre）などすべてがオンタリオチャイルド・ファミリーセンター（Ontario Child Family Centre 2018,11 ～）として活動をしている。

連邦政府の子育て家庭支援は広範な意味の"国民の健康"を目標としている。乳幼児期の発達保障は，"国民の健康な人生の基盤となる"と長期的な視点で捉えている（大塚典子　2019）。

家庭を基盤としながら，個人や家庭が力をつけること，その家庭がつながる地域と連携するという社会全体を包括的に捉えている。それらがすべて関

連し影響し合い，家族の健康が促進され，ひいて
は子どもの健康を促進する。

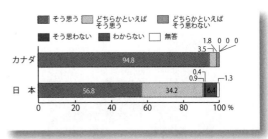

図5－10
子育ては男女を問わず経
験の中で学習されるもの
である

（カナダの子育て家庭支援研
究会　2001）

　特別なニーズをもつ家族だけではなく，"親に
なるには学びが必要"との観点で全家族を支援の
対象としている。前述の意識調査でも，子育ては
男女を問わず経験の中で学習するものと94.8％
のカナダ人が捉えるのに対し日本人は56.8％（図5－10）である。親業が
できて当たり前ではなく，すべての人に"親になる"支援が必要との観点を
カナダ市民が持っていることがわかる。その考え方が親中心の支援として実
践されていくのである。親業の学習は，知識偏重にならず体験とそれに伴う
感情もあわせ，プログラムや日常の支援に取り入れられている。そして，「子
育ては終わりのない学びの過程」（指針の⑧）と位置づけ，人々がいつの時
点でも学びあう仲間として平等な関係を保つことになる。また，問題対処型
ではなく，予防的な観点での支援を全面的に打ち出している点もカナダの特
徴である。深刻化した問題への対処は個別的・専門的な援助が必要であり莫
大な経費を要するが，予防的支援によって，子どもは健康に育ち，かつ健康
な生活が可能になるだけでなく，経費節減になるという長期的視点を持って
いる。それには，人々が生活するコミュニティが健全であることが欠かせな
い。コミュニティをどのようにつくり維持するかを常に意識し，どの活動に
もコミュニティディベロップメントの視点をスタッフが持っている。現状の
中でお互いを尊重し補完しあい，最大，最良のファミリーサポートを提供し
ようとしている。

　カナダでは連邦政府や州政府は，NPOなどの民間と協力・協働しながら
施策を実施する場合が多い。開拓と移民の国づくりの歩みの中で培われた助
け合いの精神は，今なお国民のボランティア活動の伝統やＮＰＯの成長に生
きている。政府は国民の力を借りながら政策を実行しているように見える。
それだけ市民も力量があるといえるだろう。

2　ファミリーサポートの実際

1　ドロップイン

　乳幼児連れで保護者や保育ママが時間を気にすることなく自由に利用でき
るのが，ドロップインである。ドロップインが日本の子育てひろばのモデル
となったことはすでに述べたが，国土の広いカナダでは，ドロップインの
アウトリーチ（出前）もしている。教会の使用していない時間帯などを活用
し，車におもちゃを積み込んで子育て家族が来やすい場所まで移動，臨時の
ドロップインを開くのである。（写真5－3）

136

写5-3 アウトリーチでのドロップイン（教会の一部屋を借りている：オンタリオ州グレイ郡）2004

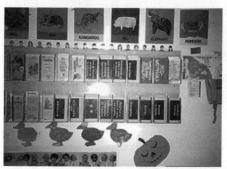

写5-4 チルドレンズ プレイス（Montrose公立小学校内にあるドロップイン）の情報コーナー（同じパンフレットが何か国語にも訳されて置いてある）2000

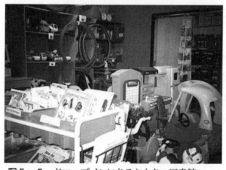

写5-5 ドロップインにあるおもちゃ図書館（オンタリオ州グレイ郡 Early Years Centre）2004

日本でのNPプログラム：
日本では2004年からNPファシリテーター養成をNPO法人子ども家庭リソースセンター（http://kodomokatei.com/）などが実施。養成されたNPファシリテーターによるNPプログラムが実施され，親たちに学びの場を提供して

　ドロップインでは，あくまで中心は親であり，親がエンパワーできるように，ノンプログラム，ノンジャッジメントの方針で運営されている。スタッフは親が情報を得て自分で判断をするように，育児情報を発信したり，居心地のよい場を提供する黒子の役割を取る。10分程度の歌やリズム遊びをするサークルタイムへの参加は自由であり，皆を一斉に誘う光景は見られない。英仏語の共通語以外に利用者の多い国の言語のパンフレットが並ぶのは，どのドロップインでも当たり前（写真5-4）となっている。共通語が不自由な利用者のために，その人が理解できる言語を話せるボランティアやスタッフがいるように配慮し，母国語でのコミュニケーションを大事にしていることにも利用者中心の発想と心遣いを読み取ることができる。

　10歳以下の子どもの22％が貧困層といわれるカナダでは，市民の助け合いを促進する工夫がいたるところで見られる。家庭で不要な食品や衣類を寄付するフードバンクや衣類のリサイクルをドロップインで行っていたり，おもちゃ図書館（写真5-5）を設置，子どもが発達にあった遊具で遊べるように家族や保育ママに遊具の貸し出しを行なうなどは利用者の経済的支援にもなっている。親のニーズを見つけそれに応じた対応をとっているのだ。

❷ 親の学習プログラム

　Nobody's Perfect（誰も完璧ではない）プログラム（以下NPプログラム）は，カナダ東海岸4州の保健機関が1980年代に開発した乳幼児を持つ親のための相互学習プログラムである。予防的なプログラムで，教育を受けていない，育児がわからない人や貧困者，十代の親など育児に何らかの心配をもつ親が対象で，深刻な問題を持つ人は対象としていない。保育つきでの6～8回の連続講座である。ドロップインなどで開催され，子どもが遊んでいる間親は安心してプログラムに参加ができる。親中心の参加型のプログラムであり，安心で安全な状況で子育て中の仲間と語りあう。育児やパートナーとの関係など親が決めたテーマでの話し合い（表5-10）で，様々な対処の仕方を知り育児情報を得る方法を学ぶ。また，育児の仕方や自分の価値観，パートナーとの関係などを見直す機会にもなる。

回数	テーマ	内　容	アイディア・活動・テキスト
＃1	出会い	知りあう 期待や決まりごと プログラム紹介	自己紹介　好きだった遊び 希望事項を出しあう テキストの紹介
＃2	安　全	子どもの事故 家とおもちゃの安全	子どもの目で室内チェック おもちゃを点検　『安全』
＃3	食生活	栄養　食べさせ方 幼児食メニュー	食品カードを食品群に分類 食習慣見直し　『からだ』
＃4	子どもの トラブル	けんか　取りあい 親のふるまい	ロールプレイでトラブルを再現 『行動』『こころ』
＃5	親の生活	時間の使い方 父親の育児	一日の生活チェック 父親との対話見直し 『親』『父親』
＃6	しめくくり	地域の支援資源 お別れ　評価	学んだこと　実行したいこと よせがき　お祝いお茶会

注：『　』は使用するテキスト

表 5 － 10
NP プログラムの計画例

（子ども家庭リソースセンター『Nobody's Perfect 活用の手引き』より）

いる。

そしてこのプログラムに参加した多くの親は悩みが自分だけではないとわかり，自分なりの方法でよいのだと思うことができ，育児仲間を得て孤立から解放される。親たちはプログラム終了後もお互いに支えあう関係を持ち，一生を通じての友人となる場合もある。

　プログラムに使用する「Nobody's Perfect」の 5 冊のテキストは，本になじみの薄い親たちが困ったときにこの本をみることができるようにと，プログラムの中で使用する。友人や本から情報を得るが，判断は親自身がする経験を重ねることによって親としての自尊感情を高めていく。自尊感情の低い親の下で，高い自尊感情を持つ子どもは育たない。まずは親の自尊感情を高めるのである。プログラムの進行役は NP ファシリテーターがする。また，ファシリテーターは，参加者と対等な関係を保つ一参加者でもある。安心で安全，信頼できる雰囲気をつくり，参加者がグループの中で疎外感を持たないように配慮していく人である。このファシリテーションの技法は，保護者会や日常の親支援でも活用が可能なものである。トレーニングを受けた NP ファシリテーターは，ボランティアでプログラムの開催をする。地域に貢献する NP ファシリテーターの姿は親たちの市民モデルともなり，コミュニティづくりにつながっていく。

❸　親になる準備教育

　子どもが育つときに乳幼児の育ちにかかわることは，親になる準備教育となる。カナダでは，13 歳以上のベビーシッター制度や学校の授業で取り組む共感教育などがある。前者は，13 歳以上の子どもが，乳幼児に関する講習を受け「ベビーシッター認定証」を取得しアルバイトとして近所の乳幼児のベビーシッターを行う。委託する親の信頼を得て初めて乳幼児の世話を任されるのであるから，子どもはシッターをすることで自信や自覚が生まれる。

テキスト：
『親』『こころ』『からだ』『行動』『安全』がある。ブリティッシュ・コロンビア州では『父親』の巻も発行している。「完璧な人はいません。完璧な親もいなければ完璧な子どももいないのです。私たちにできるのは最善を尽くすことだけであり，時には助けてもらうことも必要なのです」のメッセージが各巻の巻頭にある。イラストが豊富に使われており絵本のようで，字が読めなくても視覚的に理解ができる。多様な人種や障害を持つ子どもも描かれており，イラストからも平等や人権意識のメッセージが発信されている。

共感教育（Roots of Empathy）：
M.Gordon が所属していたトロント教育委員会で 1996 年に始めた。現在は、教育委員会を離れて活動をしている。カナダだけでなく、11 か国で実施している。
（https://cnadianinnovationspace.ca/mary-gordon/）

写5−6　日本で実施した共感教育
（東久留米市立第十小学校）2001

地域の人々は子どもを地域の子として捉え，その見守り役となるのだ。一方，利用する親は回数は少なくても，乳幼児を預けて自分の時間が持てるだけでも，息抜きができる。また，一人ではない子育てに孤独感が薄らぐのである。

　共感教育は，暴力をなくすために共感性を育む必要性を感じたトロントの幼児教育者メアリー・ゴードンが開発したプログラムである。乳児とその親に年9回1年間にわたって学校の授業に参加してもらう体験学習である。子どもたちは乳児とふれあい，成長の様子や育てることを学ぶ。親の話を聞き育児の大変さを知ったり，乳児の感情に気づいたり言葉を話さなくてもコミュニケーションができることなども理解する。自分の育ちを振りかえり親との関係が改善する場合もある。また，子どもたちが優しさを発揮してクラスが安定する（永田陽子　2001）。協力した親もわが子が子どもたちから注目されかわいがられる機会となる，また親業について話す機会を得て，自信をつける。学校から離れても，子どもと親との地域での交流が，虐待の予防や子どもたちの見守りの役目を果していく。

３　父親の育児への支援

　カナダでは，1990年代に街の男性用トイレにおむつ替台が設置され，ドロップインを利用する父子の姿がみられた。その後父親の育児のサポートを積極的に始めたドロップインも出てきた（写5−7）。時を同じくして，2002年から2年間カナダ連邦政府は「My Daddy Matters Because…」（お父さんは大事。だって…：写5−8）の父親の子育て推進のための国家的プロジェクトを組んだ。その責任者のTim Paquette は，以下のように現状を分析している。カナダでは最近の半世紀に大きく家族のあり方が変化した。労働する母親の増加で70〜75％の家庭が共働きとなり，昼間親不在の家庭が増加している。離婚が増え母子家庭のみでなく，父子家庭，再婚家庭などの多様な家族が一般的となり，子どもが健康に育つためにも父親の育児を推進する必要が強まってきたのである。

　Paquette は多くの研究に基づく理論的裏づけをし，父親役割の必要性を前面に出している。そのスローガンは「お父さん：それは地球で最高の仕事」（Fatherhood：It's the Best Job on the Planet）という，誰が聞いても関心を示したくなる肯定的なアプローチのしかたを

写5−7　ドロップインに掲示されたパパボード
（トロント・ペアレントリソーシズ）2004

とっている。このスタンスは，ERP や NP プログラムなどにも共通で，いかに他者を認めるかという観点をベースにしている。内容が指導的，指示的にならないので，親が自発的に意欲をもてる支援のあり方となっている。また，様々な家族のあり方を認め，別れて一緒に住んでいない父親であっても子どもにとっては父親であることは変わらないと，**父親の子育て推進**を提唱している。男性は危機的状況になるまで援助を求めない傾向があり，地域の人とつながりにくい。しかし，男性も育児を

Fatherhood:
it's the best job on the planet.

My Daddy Matters Because...
www.mydad.ca

写 5 − 8　父親向けポスター：キャッチコピー「僕のお父さんは大事 … だって」が入ったポスター。仕事をやり続けることと子どもとの時間をつくること，どちらを選びますか？

学ぶ機会や仲間が必要である。男性保健師が職場に出向いて父親と話すなど地道な実践と，父親の育児についての社会的固定観念を変える**ソーシャルマーケッティング**とを同時に進めている。初めて開催された**カナダ父親支援者全国大会**（2015）では 200 人規模の参加者の半数以上は男性支援者であり，父親の育児は着実に推進され支援が広まっている。

　人が育つときに，他者の行動をモデルとし模倣しながら学習する。その意味でモデルの存在は欠かせない。共感教育は子どもが育児を学ぶための育児モデルを示している。また，ひとり親の子どもが一緒に住んでいない父親の代わりに男性ボランティアと一緒に時間を過ごす**ビッグブラザーズ**の制度もある。一人の親に両性の役割は取れないのなら，それを社会で補完するという発想である。

　以上のように，子どもが健康に育つために何が必要かを考え，できるところから実践しているのが，カナダ社会である。子どもは家庭で育つが，家庭だけでは育てられない。人間が社会的な存在という原点を忘れずに，多様なファミリーサポートのあり方が考えられ実践されているのである。

（永田陽子）

4 フィンランドのネウボラ

　厚生労働省は，2014（平成26）年度に「妊娠・出産包括支援モデル事業」を実施した。地域レベルで，妊娠出産から子育て期に至るまでの切れ目のない支援の強化を図ることが必要という趣旨であった。「妊娠・出産包括支援モデル事業の事例集」には埼玉県和光市，千葉県浦安市，神奈川県横浜市，三重県名張市など29市町村の取り組み事例を紹介した。2015年度からは，子ども・子育て支援法の「地域子ども・子育て支援事業」における利用者支援事業の一類型「母子保健型」として本格実施がはじまった。市町村に「子育て世代包括支援センター」を整備し，保健師等の専門職が全ての妊産婦等の状況を継続的に把握し，必要に応じて関係機関と協力して支援プランを策定することにより，妊産婦に対してきめ細かい支援を実施するという計画である。（第3章①，第4章②－❸－❶参照）

　この事業は，フィンランドで1920年代にはじまった子育て支援システム「ネウボラ」を参考にしており，日本版ネウボラなどとも呼ばれる。本節では，現在わが国で注目されている「ネウボラ」とは何か，それがフィンランドでどのような背景で生まれ発展してきたか，取り組みの実際とその意義は何かについて紹介しておきたい。

❶ ネウボラとは何か

　フィンランドは北ヨーロッパに位置し，国土の三分の一は北極圏にはいる。冬が長い，厳しい気候条件であるが，美しい森と湖の自然に恵まれ，森林資源を活かした木材関連産業と情報通信など先端産業を主産業とする豊かな国である。面積は日本と同じくらいであるが，人口は550万人と東京都の半分ほど，合計特殊出生率は1.8，年間出生数は59,000人である（2015年）。

　フィンランド語で「Neuvo」は「情報・アドバイス」を意味し，「-la 」は「場所」を表す接尾語である。つまり Neuvola はアドバイスを受け取る場所，相談の場，を意味している。

　フィンランドにおけるネウボラは，妊娠期から就学前にかけての子どもと家族を対象とする支援制度であり，「かかりつけネウボラ保健師」を中心とする産前・産後，子育ての切れ目の無い支援のための地域拠点そのものも指す。出産までは妊婦と胎児を「出産ネウボラ」で，生まれた子どもと家族を「子どもネウボラ」で支援するが，近年「出産・子どもネウボラ」として統合する動きが拡がっている。

　ネウボラは全国におよそ800か所あり，ほぼ100%の妊婦と子どもの健

診を達成している。フィンランドにおいて，ネウボラは出産を控えた人や就学前の子どもの親みんなが行く身近な場なのである。

❷　ネウボラの成立と発展

　フィンランド人の先祖は 1 世紀の初め頃今のフィンランドに上陸し，森を切り開いて畑をつくり，だんだんと人口も増えていった。しかし 13 世紀より西の隣国スウェーデンに支配され，19 世紀のはじめにスウェーデンがロシアとの戦争に負けると，東の隣国ロシアの支配下にはいった。1917 年，ロシアから独立し，長い他国からの支配を脱し，フィンランド共和国が成立した。しかし独立直後の 1918 年には内戦が勃発し，政治の安定には時間がかかった。

　高橋睦子（2016）によれば，当時のフィンランドは貧しい農業国であり，困窮者への救済は教会を中心とする慈善活動であった。子どもたちは貧困や不適切な生活環境にさらされていた。労働者階級や低所得の女性たちには妊産婦検診が定着しておらず，妊娠期，周産期や乳幼児期の母子の健康リスクはほとんど放置されていた。政府レベルの具体的対応は遅々として進まなかった。

　1920 年代，フィンランドの母子支援は，医師や保健師・看護師らを中心とする民間の取り組みとして地域で始まった。すなわち 1920 年，小児科医アルヴォ・ユルッポらの尽力により，母子支援活動のための民間団体マンネルヘイム児童保護連合が創設された。差し迫った課題は，新生児・乳児と母親の健康のために衛生・栄養面での助言と情報提供すること，妊娠の初期から妊婦みんなを定期健診につなげることであった。児童保護連合の主導で 1922 年に首都ヘルシンキ市内で子どもネウボラが始まり，フィンランド赤十字社の協力を得て都市部を中心に徐々に拠点が増えた。出産ネウボラは 1926 年に開所されこれも徐々に増えていった。

　ネウボラ活動のパイオニアたちは，専門職の支援サービスが母子にとって身近で利用しやすいことを重視し，ネウボラを母子が来所しやすい場所に開設し，助産師や保健師たちは地域巡回，家庭訪問にも出向いた。一方，ネウボラ健診に全員がつながるようにすることは大きな課題で，妊婦健診の定期的な受診を条件として，育児パッケージ（乳児の衣類やケア用品の詰め合わせ）を無料頒布する仕組みが考案された。これには大きな反響と効果があり，妊婦健診の受診率が向上し，制度化へと展開した。1937 年に法制化された「母親手当」の現物支給の選択肢として定着し，当初あった所得制限は緩和，撤廃され，現在では生まれてくる子ども全員への社会からの祝福と歓迎のシンボルになっている。

　1944 年ネウボラが国の制度となり，地域住民のニーズに対応するため市町村自治体に設置が義務づけられた。以後，全国的な普及がすすみ，乳児死亡率や分娩時の母親の死亡率が改善された。1970 年代ごろまでは，ネイボラは白衣の医療専門職たちが助言や健康指導を行う医療モデルが主流であったが，現在では白衣はほとんどみられなくなり，"ネウボラおばさん"と親しみをこめて呼ばれるネウボラ保健師が，親子・家族との対話を重ねながら信頼関係を築き，問題の早期発見，リスク予防をすすめる生活支援モデルの場となっている。(高橋（2015）p.84 － 92)

3　ネウボラの実際

写5－9　ネウボラナースの部屋：相談は個室でゆったりと
（提供：上垣内伸子氏（以下の写真も同じ））

　高橋は，ネウボラの特色を，① 妊娠の届け出，② 全員対象，③ 個別対応，④ かかり付けの担当者，⑤ 専門職，という五つのキーワードで説明している。

　まず，妊娠届は大切な最初の一歩である。日本では自治体窓口で行っているが，フィンランドでは妊娠がわかるとネウボラへ届け出，そこから専門職の支援がはじまる。ネウボラは，リスクのある人のみを対象としているのではない。困ってから相談するのではなく，全員が当たり前に利用する場であり，後ろめたさを感じることはない。しかも，一人一人の個別対応で，秘密が守られ，問題を抱えている人も安心して相談できる。ネウボラはかかりつけの担当者が，継続して信頼関係を築く。妊娠から子育て期まで，切れ目のない支援を同一の担当者（ネイボラナース）が担うわけだが，担当者の専門性は高く，技量のばらつきがないので，利用者からの不満がでることはほとんどないという。(高橋（2015）p.14 － 20)

写5－10　ネウボラの掲示板：必要な情報が得られる

　では，ネウボラにおける支援の実際はどのようなものであろうか。ここでは上垣内らの調査（2013 年実施）により，ヘルシンキ市におけるそれを紹介したい。

　ヘルシンキは人口 61 万人のフィンランドの首都である。ヘルシンキ社会保健省の家族・社会サービス部門の「子どものいる家庭の福祉・健康」に「ネウボラとファミリーサポート」というセクションがおかれ，それがネウボラを運営している。ヘルシンキ市を南西部，東部，北部の三地域に分け，それぞれの地域にいくつかのネウボラがある。上垣内らが訪問調査を実施したマルミ・ネウボラは北部のマルミ地域にあり，人口

約 3 万 6,000 人，就学前の子ども約 2,990 人，1 歳未満児 380 人，ネウボラで担当している妊婦約 420 人，これらの親子をネウボラナース 12 人で対応している。

　ネウボラの実践は次のようなものである。

●出産（マタニティ）ネウボラ

　ここでは妊娠期間中に何事も起きないように，健康な子どもが生まれてくるようにということを第一としているが，親となる準備をサポートすることも目的のひとつである。様々な不安をケアしながら，親になる気持ちを高める。妊娠期間中に何か危険性がみられた場合は，必要に応じて適切な医療機関にいくようアドバイスと情報を提供する。定期健診としては，初産婦のためには保健師による診察 12 回，医師診察 3 回，経産婦には保健師8 回，医師 3 回がある。妊婦及び家族の健康状況を広範

写 5 - 11　ネウボラの待合室：親子でのんびり過ごせる場

囲にチェックすることも行われる。2011 年からは，妊娠 22 〜 28 週の間に，妊婦と家族の健康状態，夫婦関係や親になることへの意識などを広範囲にチェックする総合健診が行われるようになった。タバコ，アルコール，麻薬の使用に関する項目も含まれ，父母両方を対象に家族という単位で検査が行われる。表 5 - 11 はヘルシンキにおける出産ネウボラの定期健診プランである。

●両親学級

　赤ちゃんが生まれる前に 3 回ほど，ネウボラにあつまって，家族になる準備をするための研修がある。1 回目は妊娠 18 〜 24 週の間に実施。妊娠中の変化について学び，自分と親との関係，自分の子ども時代を思い出し，授乳についてのイメージトレーニングを行う。2 回目は妊娠 30 〜 34 週の頃，夫婦の関係が出産後どう変わるか，また赤ちゃんの取り扱いについても具体的に学ぶ。3 回目は妊娠 33 〜 35 週のころ，出産について学び，4 回目は病院見学のプログラムがある。出産後，ある程度子育てを体験したときまた皆で集まって，経験を交流し話し合いをする。

写 5 - 12　乳児の身体計測

●子どもネウボラ

　様々な社会背景による家族間の差を狭めることが目標のひとつであり，子どもの成長，発達を促し，何か例外的なことが認められた場合にできるだけ早い段階で別の

対象 / 担当者 / 内容項目	1 妊娠7~10週	任意 妊娠10~13週+6日 染色体検査 NT	2 妊娠18週	任意 妊娠19~21週 胎児の身体確認のエコー検査	3 妊娠22~24週 総合的な健診	4 妊娠26~28週 総合的な健診	5 妊娠30~32週	6 妊娠34週	7 妊娠36週	8 妊娠37週	9 妊娠38週	10 妊娠39週	11 妊娠40週	12 妊娠41週	13 自宅訪問	14 生後4~5週	15 生後5~12週
初産婦（番号）	1	任意	2	任意	3	4	5	6	7	8	9	10	11	12	13	14	15
経産婦（番号）	1	任意	/	任意	2	3	4	/	5	/	6	7	8	9	10	11	
健康保健師（時間）	60~90分		30分		60分	30分	30~45分	30分	20分	30分	30分	30分	30分	30分	90~120分	20~30分	20分
医師	○				○	○											
家族の健康状態	○																
心理社会的な追跡調査とサポート	○		アルコール使用障害特定テスト	同前、テスト			○エジンバラ産後うつ病自己評価票										
健康データの調査	○																
健康習慣と健康指導	○		○		○		○		○		○	○	○	○	○	○	○
授乳						○									○	○	○
薬物使用	○				○												
家庭内暴力	○		○		○		○								○	○	○
母親の健康	○		○		○		○	○							○	○	○
栄養	○				○	○	○	○									
口内衛生	○																
血液検査とスクリーニング参照	○				〈○〉		〈○〉										
BMI	○																
体重	○		○		○	○	○	○	○	○	○	○	○	○	○	○	
尿検査のブドウ糖の量・ブドウ糖の数値	○		○		○	○	○	○	○	○	○	○	○	○	○	○	
血圧	○		○		○	○	○	○	○	○	○	○	○	○			
ヘモグロビン					○						○						
胎児の成長・SF計測					○	○	○	○	○	○	○	○	○	○		○	○
胎児の姿勢			○		○									○			
胎児の心臓音			○		○									○			
胎児の動き			○		○									○			

注：上垣内伸子他『妊娠期からの切れ目の無い子育て支援～フィンランド・ネウボラにおける実践～』2015, p.15　掲載の表「マタニティネウボラの定期検診プラン」を一部修正して引用
（修正については上垣内氏の了解を得た）

表5-11　出産ネウボラの定期健診プラン　ヘルシンキ

サービス，医師などの診断を受けられるようにケアしていく。親が親であることに対するケアも必要なため，親子のコミュニケーションの促進も行う。

　1歳までに9回の健診があり，うち3回は医師が行う。その後は1〜6歳の間に健診6回，1歳半と4歳の時は医師による健診もプラスされる。

　子どもが4か月と1歳半と4歳の時は，家族も対象とする広範囲にわたる総合的な健診である。このとき，表5−12にみるように「家族生活アンケート」が実施される。これは下記のような内容であるが，親である夫婦が一緒にそのアンケート調査をチェックしていくところに特徴がある。自分たちがどういうところに弱い部分が在り，どういう所を助けてもらいたいと感じているのかを，健診に来る前に明らかにしてもらいたいという思いが含まれている。

● **家庭生活アンケート**

- ●乳児・幼児のいる家庭の生活環境
- ●両親になることと子どものケア
- ●夫婦関係
- ●家族のサポートネットワーク
- ●家族の健康とライフスタイル
- ●家族の将来の展望
- ●家族にとって活力になるもの，重荷になるもの

写5−13　マタニティボックスの内容：社会保険庁KERAのビルの壁に今年（2016年）のキットが掲示されている

　特別な支援を必要とする子どもがいる家族については，健診の機会を増やしたり家庭訪問も行う。なるべく早い時期に問題点を発見することが大切であり，ネウボラのスタッフと家族が相談し，様々な専門家によるサービスを受けられるよう支えていく。

●マタニティボックス

　フィンランドでは，妊娠154日以上で，4か月目までに妊婦健診を受診することを条件に，母親手当が支給される。現金（140ユーロ）か現物（マタニティボックス）のどちらかを選択する。ネウボラナースに証明書をだしてもらい，社会保険庁のKERAに申請する。初産の人の95%がマタニティボックスを選ぶという。

　ボックスには出産後とりあえずこれがあれば何とかなる，というグッズ一式が納められており，ケースは最初のベッドにもできるよう，底面にはスポンジが敷かれ，布団やシーツも入っている。何を用意してよいかわから

写5−14　一式が納められたマタニティボックス：ベッドにも使える

対象			1	2	3	4	5	6	7	8	9	10	11	12	13	14	15
			1〜4週	2〜6週	2か月	3か月	4か月	5か月	6か月	8か月	12か月	18か月	2歳	3歳	4歳	5歳	6歳
							総合的な健診					総合的な健診			総合的な健診		
担当者	別々の検診	保健師	30分	30分	45分	45分	45分	45分	45分	30分	60分	45分	45分	45分	75分	45分	45分
		医師		①20分			②20分			③20分		④20分			⑤20〜30分		
	合計の時間						65分					65分					
	共同の検診	保健師		30分			45分			30分		45分					
		うち医師		30分			20〜30分			30分		20〜30分					
内容項目	家族の健康状態						○家族生活アンケート					○同前アンケート			○同前アンケート		
	心理社会的追跡調査とサポート		○	○	○エジンバラ産後うつ病自己評価票	○	○	○	○	○	○	○	○	○	○	○	○
	煙草、アルコール、その他の薬物乱用						○アルコール使用障害特定テスト					○同前テスト			○同前テスト		
	家庭内暴力																
	栄養			○	○	○	○役立つ家族カード	○	○	○	○	○同前カード	○	○	○同前カード		
	授乳			○	○	○				○							
	口内衛生								○	○							
	発達検査		○	○	○	〈○〉	〈○〉	○	○	○	○	〈○〉	○	○	○神経発達検査	〈○〉	
	発語の発達		○	○	○	○	○	○	○	○	○	○	○	○	○	○	○
	体重		○	○	○	○	○	○	○	○	○	○	○	○	○	○	○
	身長		○	○	○	○	○	○	○	○	○	○	○	○	○	○	○
	視力									○		○	○	○	○	〈○〉	
	聴力（OAE）		○	○						○						〈○〉	
	血圧									○						〈○〉	
	予防接種プラン				ロタ	ロタ 肺炎球菌 三種混合ワクチン Hib		ロタ 肺炎球菌 三種混合ワクチン Hib				三種混合ワクチン 肺炎球菌 麻疹風疹おたふく混合 Hib	〈○〉			2種混合ワクチン		麻疹風疹おたふく混合

注：上垣内伸子他『妊娠期からの切れ目の無い子育て支援〜フィンランド・ネウボラにおける実践〜』2015,p.17
掲載の表「子どもネウボラの定期検診プラン」を一部修正して引用。(修正については上垣内氏のご了解を得た)

表5－12 子どもネウボラの定期健診プラン ヘルシンキ

ないという子育て未経験の父母も，このボックスによりどのように子育てすればよいか中身からわかるようになっている。

❹　ネウボラから学ぶもの

　日本においては，妊娠・出産・子育てにかかわる支援メニューは母子保健法，児童福祉法，子ども・子育て支援法などにより，ひととおり揃っているといってよい。しかし子どもを産み育てようとする若い人々にとって，日本の現状は妊娠，出産，育児のどの段階も，不安の多い，心身の負担の多いものである。身近に，いつでも安心して相談し，頼れる場がないというところに原因がある。

　里帰り出産という慣行も，出産という "危機" に際して身近な支援の不在の現れであるが，これには出産という重要な時期に母子と父親が分離すること，母子が地域から切り離されること，受け入れ側の実家の負担など様々な問題をともなう。父母のみで乗り切る場合の大変さはいうまでもない。

　子どもの病気や遅れの問題，親自身に様々なハンディや事情がある場合，最も社会的支援を必要としているにもかかわらず，自らが支援の場から遠ざかり，利用をためらいがちである。支援メニュー利用のハードルが高いのである。例えば，乳幼児健診を受診しないなど。子育て仲間の輪に入れないなど。こうしたことが虐待につながることも多い。

　フィンランドのネウボラのようなシステムが根付けば，どれだけ安心して子どもを産み育てることができるだろう。問題を抱えた人も，安心して相談できる場が身近にあることが大きな支えになることであろう。定期健診プランの中で，産前2回，産後6歳までに3回の広範囲な健診が実施され，母親だけでなく家族全体への支援が行われていることにも注目したい。

　冒頭に記したように，日本でもこのシステムが学ばれ部分的ではあるが取り入れられ始めている。根本的な精神を学び，日本の子育て支援に活かしていきたいものである。

（松本園子）

●参考文献・図書●
①汐見稔幸編著『世界に学ぼう！子育て支援』フレーベル館　2003
②前田正子『子育てしやすい社会』ミネルヴァ書房　2004
③ユニセフ『世界子供白書』
④内閣府『少子化社会対策白書』
⑤内閣府『少子化社会に関する国際意識調査』　2005
⑥労働政策研究・研修機構『データブック国際労働比較（2006）』2006
⑦男女共同参画会議少子化と男女共同参画に関する専門調査会『少子化と男女共同参画に関　する社会環境の国際比較報告書』　2005
⑧国立女性教育会館『平成 16 年度・17 年度家庭教育に関する国際比較調査』
⑨勅使千鶴編『韓国の保育・幼児教育と子育ての社会的支援』新読書社　2007
⑩湯沢雍彦『少子化をのりこえたデンマーク』朝日新聞社　朝日選書　2001
⑪澤渡夏代ブラント『デンマークの子育て・人育ち』大月書店　2006
⑫上野勝代『子ども，お年より，女性が輝く国ノルウェー』かもがわ出版　1995
⑬レグランド塚口淑子『新版・女たちのスウェーデン　"仕事も子供も"が可能な国に』ノルディック出版　2006
⑭内閣府経済社会総合研究所・（財）家計経済研究所編『スウェーデンの家族生活－子育てと仕事の両立－』2005
⑮内閣府経済社会総合研究所・（財）家計経済研究所編『フランス・ドイツの家族生活－子育てと仕事の両立－』2006
⑯竹崎孜『スウェーデンはなぜ少子国家にならなかったのか』あけび書房　2002
⑰白石叔江『スウェーデン　保育から幼児教育へ』かもがわ出版　2009
⑱広岡守穂編『ここが違うよ，日本の子育て』学陽書房　2002
⑲舩橋恵子『育児のジェンダー・ポリティクス』勁草書房　2006
⑳恒吉遼子＆ S. ブーコック『育児の国際比較－子どもと社会と親たち』日本放送出版協会　NHK ブックス　1997
㉑小出まみ『地域から生まれる支え合いの子育て』ひとなる書房　1999
㉒小出まみ・伊志嶺美津子・金田利子編著『サラダボウルの国カナダ』ひとなる書房　1994
㉓カナダ政府　向田久美子訳　子ども家庭リソースセンター編「Nobody's Perfect（誰も完璧ではない）シリーズ」『親』『からだ』『行動』『安全』『こころ』ドメス出版　2002
㉔カナダ政府　子ども家庭リソースセンター編『ノーバディズ・パーフェクト　ファシリテーター・ガイド』子ども家庭リソースセンター　2008
㉕カナダ・ブリティッシュ・コロンビア州　伊志嶺美津子編　向田久美子訳『父親』ドメス　出版　2002
㉖カナダ・オンタリオ州「The FII-Onews : The Effects of Father Involvement. A Summary of the Research Evidence」vol.2002 秋
㉗B.Beauragard, F.Brown　平野陽子監訳『お父さんの育児を助けよう（Supporting Fathers）』子ども家庭リソースセンター　2007
㉘福川須美（研究代表者）「非営利・協同組合ネットワークの子育て支援のあり方に関する国際比較－カナダと日本をみる－」平成 15 年度～ 16 年度科学研究費助成基盤研究 C (1)　課題番号 15601010　研究成果報告書　2005
㉙永田陽子・櫃田紋子他「他者への共感を育てる教育プログラム・カナダの"共感教育"の実践とその有効性－幼児期から始める親になるための準備教育－」『安田生命社会事業団研究助成論文集』37 号　p.209-215　2001
㉚J. ホフマン　平野陽子監訳『育児するお父さん』子ども家庭リソースセンター　2005
㉛高橋睦子『ネウボラ：フィンランドの出産子育て支援』かもがわ出版　2015
㉜上垣内伸子他『妊娠期からの切れ目のない子育て支援～フィンランド・ネウボラにおける　実践～』十文字学園女子大学（平成 24 ～ 26 年度科学研究費基盤研究 ©『子育て支援職の　再検討：リスク支援と予防支援における役割モデルの構築』研究代表者上垣内伸子）2015
㉝井出和貴子「カナダ：移民先進国が直面する問題」大和総研 2014
㉞犬塚典子「カナダ・オンタリオ州における子ども家庭支援政策の転換」日本保育学会第 72 回大会 2019（https://canadianinnovationspace.ca/mary-gordon/）

さくいん

あ 行

I（アイ）メッセージ 40
アウトリーチ 135
赤ちゃんと触れ合う機会 97
赤ちゃんに出会い隊 64
赤ちゃんポスト 92
あやし唄 43
イエローゾーン 25, 28
育児の伝達 62
育児モデル 54, 62
育児休業 108
育児休業制度 124
育児時間の保障制度 108
一時預かり 57, 58, 105
移民 133
医療機関 50
医療費の助成 95
Nobody's Perfect（NP）プログラム 136
エンゼルプラン 82, 96
エンパワー 26, 28, 62
OECD の報告書 81
夫・妻の役割 120
親子生活訓練室 73
親の学習プログラム 29
親の語りかけ（マザーリーズ）38

か 行

核家族化 12
学童保育 104
家族 12
家族療法の技法 73
過疎地域 15
家庭支援専門相談員（ファミリーソーシャルワーカー）75
家庭養護 77
カナダ 133
関係機関 49
関係機関との連携 65
間主観的かかわり 43

危機対応能力 25
企業の取り組み 109
企業主導型保育事業 104
危機要因 53
聴く 32
基本的信頼感 43
虐待 20
共感教育 137
共感的理解 34
グリーンゾーン 25, 26
警察 51
公園デビュー 61
後発開発途上国 115
合計特殊出生率 16, 116
心の癖 32, 38
子育てしやすい国 113, 128, 132
子育てしやすい社会 122
子育てひろば 57, 59
子育て困難 17
子育て支援関連制度 124
子育て情報 96
子育て世代包括支援センター 50, 61, 65, 91
子ども・子育て関連3法 90
子ども・子育て支援新制度 89, 102
子ども・子育て会議 85
子どもに関する相談事業 100
子どもネウボラ 143
子どもの権利条約 80, 133
子どもの貧困対策法 94
子どもの貧困率 94
子ども家庭支援 10
子ども手当 94
子ども食堂 94
コミュニティディベロップメント 135
孤立予防 27, 61

さ 行

里親 107
里親委託 73
里親委託等推進員 77
里親支援専門相談員 77

産前産後ヘルパー派遣事業 93
3歳未満児の養育 133
Community Action Program for Children 133
自己肯定感 28
自己理解 36
自助グループ 29
次世代育成支援対策推進法 83
施設養護 73
児童虐待 100
児童虐待の防止等に関する法律 20, 100
児童虐待防止法 20, 100
児童手当 94, 126
児童相談所 29, 50, 100
児童扶養手当 106
児童福祉法 80
児童福祉法改正 93, 101
社会性の発達 60
社会的養護 107
18歳未満人口 116
就学援助金 95
就学前教育 131
出産ネウボラ 143
出産休暇制度 124
守秘義務 40
受容 32
将来人口推計 110
少子化 16, 80
少子化対策 82, 83, 84, 85, 110
少子高齢化 80
ショートステイ 29, 58, 105
情報提供 53
情報伝達の場 60
女性活躍推進法 85
女性相談センター 51
女性労働 118
新エンゼルプラン 83
人口増加 116
新生児訪問 60, 93
スウェーデン 128
ステップファミリー 12
性別役割分担 120
世界人権宣言 79

先進工業国　117
戦争孤児　81
専門里親　77
喪失体験　41
相談　63
相談・支援の心配り　40
相談・支援の方向性　30

　　た　行

第一次産業　13
待機児　103
待機児ゼロ作戦　83
第三次産業　13
第二次産業　13
団塊ジュニア　16
地域　59
地域づくり　24, 64
地域の喪失　17
地域子育て支援拠点事業　99
父親の子育て　66
父親の子育て推進　139
出前（アウトリーチ）　60, 135
伝承的な育児文化　27
伝承的な育児法　42
伝承的な遊び　42
ドメスティックバイオレンス　72
共働き　14
ドロップイン　59, 135
トワイライトステイ　105

　　な　行

内発的な動機づけ　30
2016年改正児童福祉法　80
乳児院　59
乳児家庭全戸訪問事業　93
乳児死亡率　116
乳幼児健康診査　93
入院助産制度　92
妊婦健康診査助成制度　92
ネウボラ　140
ノーバディズパーフェクトプログラ
　ム　29, 136
ノンジャッジメント　136
ノンプログラム　136

　　は　行

パートナー　61
パパ・クオータ制　130
パラサイト・シングル　111
引きこもり　19
ビッグブラザーズ　139
ひとり親家庭　106
貧困の連鎖　94
ファシリテーター　28
ファミリーサポート　29, 58
ファミリーサポートセンター事業
　105
フィンランド　140
福祉事務所　50
父性性　66
不妊相談・治療　92
ベビーシッター制度　137
保育・預かり型支援　102
保育サービス　125
保育所入所待機児　102, 103
防衛機制　34
放課後子どもプラン　104
放課後子ども総合プラン　104
放課後児童クラブ　104
母子・寡婦福祉資金貸し付け　107
母子カプセル　60
母子家庭等医療費助成　106
母子家庭等日常生活支援事業　106
母子健康手帳　92
母子生活支援施設　107
母性性　66
ボランティア　62

　　ま　行

マタニティボックス　145
民生委員　29
面前DV　72
モンスターペアレント　57

　　や　行

養育支援訪問事業　93
養育里親　76
幼児教育・保育の無償化　95
要保護児童家庭　71

予防型の支援　26

　　ら　行

両親学級　143
両親保険　130
療育機関　51
レスパイト　57
レッドゾーン　25, 29
労働力率　14

　　わ　行

ワークライフバランス　108

●松本　園子（まつもと・そのこ）
お茶の水女子大学大学院家政学研究科児童学専攻修了・家政学修士
白梅学園大学名誉教授
［著書等］
『昭和戦中期の保育問題研究会 - 保育者と研究者の共同の軌跡 1936 ～ 1943』新読書社　2003
『実践・家庭支援論』ななみ書房　2011（共著）
『証言・戦後改革期の保育運動―民主保育連盟の時代』新読書社　2013
『日本の保育の歴史―子ども観と保育の歴史 150 年』萌文書林　2017（共著）
『乳児の生活と保育』〈第 3 版〉ななみ書房　2019（編著）
『子どもと家庭の福祉を学ぶ』〈第 3 版〉ななみ書房　2023（共著）

●永田　陽子（ながた・ようこ）
日本女子大学大学院家政学研究科児童心理学専攻修了・家政学修士
東京都北区子ども家庭支援センター・北区男女共同参画センター専門相談員
東洋英和女学院大学大学院非常勤講師
［著書等］
『乳児の保育臨床学』東京教科書出版　1991（共著）
『人育ち唄』エイデル研究所　2006
『子どもと親を幸せにする　保育者・支援者のための保育カウンセリング講座』フレーベル館　2007（共著）
『実践・家庭支援論』ななみ書房　2011（共著）
『0 歳児保育革命 1』ななみ書房　2017

●福川　須美（ふくかわ・すみ）
都立大学大学院社会科学研究科社会学専攻修了・社会学修士
駒沢女子短期大学名誉教授
［著書等］
『ここが違うよ，日本の子育て』学陽書房　2002（共著）
『世界に学ぼう！子育て支援』フレーベル館　2003（共著）
『実践・家庭支援論』ななみ書房　2011（共著）
『家庭的保育の基本と実践』福村出版　2017（共著）

●森　和子（もり・かずこ）
名古屋大学大学院教育発達科学研究科心理発達科学専攻・心理学博士，教育学修士，社会科学修士
文京学院大学教授
［著書等］
『里親入門―その理解と発展―』ミネルヴァ書房　2005（共著）
『臨床に必要な家庭福祉』弘文堂　2007（共著）
『実践から学ぶ―子どもと家庭の福祉』保育出版　2008（共著）
『血縁を超えて親子になる―養親と養子の心理的葛藤の変遷と変容による親子関　係の再構築』福村
出版　2022
『子どもと家庭の福祉を学ぶ』〈第 3 版〉ななみ書房　2023（共著）

［イラスト］　　マーブル・プランニング

実践　子ども家庭支援論

2019 年　9 月　1 日　第 1 版第 1 刷発行
2023 年　3 月　1 日　第 1 版第 3 刷発行

●著　者　　　　松本園子 / 永田陽子 / 福川須美 / 森　和子
●発行者　　　　長渡　晃
●発行所　　　　有限会社　ななみ書房
　　　　　　　　〒 252-0317　神奈川県相模原市南区御園 1-18-57
　　　　　　　　TEL　042-740-0773
　　　　　　　　http://773books.jp
●絵・デザイン　磯部錦司・内海　亨
●印刷・製本　　協友印刷株式会社

©2019　S.Matsumoto,Y.Nagata,S.Fukukawa,K.Mori
ISBN978-4-910973-24-1
Printed in Japan